X 1286
R.a.2.

COURS

D'ORTHOGRAPHE RADICALE,

DITE D'USAGE,

EN QUARANTE SÉANCES;

ou

Exercices sur touts les accidents de l'Orthographe des mots considérés en eux-mêmes (abstraction faite de l'Orthographe désinentielle, celle-ci étant du ressort de la Grammaire).

OUVRAGE NEUF, PROPRE A ENSEIGNER NOTRE ORTHOGRAPHE SANS LE SECOURS DU LATIN;

PAR POMPÉE, INSTITUTEUR.

DEUXIÈME ÉDITION.

Prix : 1 fr., cartonné.

« L'Orthographe n'est pas l'ouvrage de la mode,
La raison, la nature en ont dicté le code,
Et l'on ne peut former une lettre, un accent
Qui ne soit consenti par ce code puissant.

A PARIS,

CHEZ {
L'AUTEUR, rue Montorgueil, n° 54.
BRUNOT-LABBE, Libraire, Quai des Augustins, n° 33.
Et chez les principaux Libraires des départemens.

1824.

Tout exemplaire qui ne sera pas revêtu de ma signature sera une contrefaçon; et je poursuivrai le contrefacteur.

Pompée,

Membre de la Société Grammaticale.

DE L'IMPRIMERIE DÉ J.-M. EBERHART,
rue du Foin Saint-Jacques, n° 12.

COURTE PRÉFACE.

L'Orthographe consiste à écrire des lettres qu'on n'entend pas, et à ne pas écrire toutes celles qu'on entend. Pour l'étudier avec fruit, il faut la diviser en deux parties : l'une qui traite des mots considérés en eux-mêmes, c'est l'orthographe radicale ; et l'autre des désinences, c'est l'orthographe grammaticale. Je ne traite dans cet ouvrage que de l'orthographe radicale. (*a*)

Cette orthographe est une science qui n'est point encore classique ; elle repose sur la classification des mots par familles, sur leur formation, sur la quantité et sur des analogies constantes ; elle a pour but d'enseigner le français par le français lui-même.

Jusqu'à présent on n'a connu d'autre moyen pour enseigner notre orthographe, que celui d'enseigner le latin. Cependant, si l'on réfléchit combien peu étudient cette langue, combien peu l'étudient assez long-temps pour atteindre le but qu'ils se sont proposé, et que les demoiselles ne l'étudient pas du tout, on conviendra que la plus grande partie des français doit être privée de la connaissance de cette science indispensable dans l'état de civilisation où nous nous trouvons.

(*a*) Comme l'orthographe grammaticale repose sur la déclinaison et sur la conjugaison, ces deux éléments m'ont servi de canevas pour établir des exercices gradués qui conduisent à toutes les difficultés, et que je me propose de publier bientôt. Ce sera la seconde partie de cet ouvrage.

Si l'on réfléchit aussi que la langue latine est muette sur la manière d'écrire la plupart de nos mots, et que ceux-mêmes qu'elle nous a laissés, et qui sont évidemment les racines des nôtres, ne sont pas toujours des guides fidèles, on conclura que l'étude du latin ne suffit pas pour apprendre l'orthographe française.

En effet, quel rapport entre les mots suivants pris dans ce paragraphe même, et les mots latins qui leur correspondent?

muette	muta	racine	radix, origo
manière	modus	toujours	semper
plûpart	plerique	apprendre	studere
mot	verbum	française	gallica
laisser	relinquere	rapport	relatio
évidemment	evidenter	entre	inter

Certes, les mots latins n'indiquent pas pourquoi les lettres que j'ai espacées existent dans les mots français, ni pourquoi les consonnes sont doublées, ni pourquoi tel accent est employé.

Eh bien! puisque le latin ne peut fixer nos idées sur cette science une des plus dificiles qu'il y ait, essayons si, en recherchant dans notre langue-même et les moyens que le latin nous a laissés, et ceux qu'il nous refuse, nous pourrons faire mieux.

Je vais avoir besoin de longues phrases pour expliquer ce que mes écoliers me disent en deux mots, parce qu'on ne connaît pas encore mes exercices.

muette	Après les sons brefs *at, ot, et* on double la consonne. (règle de quantité, exercice 15.)
manière	*E* avant-dernière syllabe d'un

mot qui finit par le son *e* prend l'accent grave, exercice 23. *(a)*

plûpart   L'accent circonflexe remplace un *s* abandonné, et qu'on retrouve dans *plus, plusieurs;* (mots de la même famille) et le *t* s'entend dans *partie.*

mot   *At, ot, et,* final, ou bien on entend le *t* dans *mot-à-mot, mot et,* (mots de la même famille.)

laisser   On entend l'*a* dans *lâche,* (celui qui laisse).

évidemment   Après les sons *at, ot, et,* on double la consonne, et l'on met *e* pour *a,* parce que la racine n'est pas un participe présent, exercice 33.

racine   On entend cette lettre dans *radical.*

toujours   C'est comme s'il y avait *tous les jours.*

apprendre   Après les présyllabes *a, i, o, co, su, di,* on double la consonne initiale du mot racine, et le *e* s'entend dans *prenant,* exercice 14.

française   Après les sons longs, on met le *c* pour deux *s,* et l'on écrit le son *è* par *ai,* avant le son *z* écrit par *s.*

rapport   Après les présyllabes *a, i, o, co, su, di,* on double la consonne et l'on entend le *t* dans *porter.*

(a) Remarquez bien que quand je parle de tel ou tel *son,* c'est le son émis, le son entendu, et non pas le nom d'une lettre. Quand je dis le son *a,* par exemple, j'entends tous les signes représentatifs de ce son: *as, à, at, ah,* et même *e* dans *femme.*

4 *Préface.*

entre . . . . Quand le son *an* peut se changer
en *in,* on l'écrit par *e* : il se change
dans *intérieur,* exercice 34.

On voit, par ce court exposé, qu'il manque à
nos instituteurs, à nos enfants, un livre qui traite
uniquement de l'orthographe radicale. Ce livre, je
l'ai écrit et je le présente, fort de dix ans de pratique
et de réflexions mûries, fort de l'approbation des
savants et du suffrage des parents, fort enfin de
succès constamment soutenus et répétés.

Je n'ai eu en vue, dans ce cours d'orthographe,
que la langue usuelle des français, je me suis ri-
goureusement abstenu de tout nom propre d'homme,
de géographie, de mythologie et de tout mot tech-
nique ou scientifique, parce que j'ai pensé qu'en
prenant un almanach et joignant à chaque personne
des verbes se *nommer, s'appeler, recevoir le nom
de...,* un nom différent, on apprendrait à les écrire;
et qu'en étudiant tel art ou telle science, on apprendrait aussi la nomenclature qui y est affectée.

Les recherches que j'ai faites sur l'orthographe,
m'ont fait découvrir quelques erreurs consacrées
par l'usage et par la prononciation, c'est ce qui fait
en partie la matière des exceptions.

J'ai dit dans ma première édition, que je dois
quelque chose à M. P... (M. Pain); j'ai lu depuis la
lexigraphie de M. Lemare; mais je ne lui ai rien
emprunté. Cependant, je ne puis m'empêcher de
m'applaudir d'avoir, avec les grands maîtres, quelques points de contact.

Non-seulement, par cette méthode, l'élève ap-
prend l'orthographe; mais encore, les règles sur la
quantité lui donnent une bonne prononciation; le

classement des mots par familles lui découvre une foule de rapports instructifs qui exercent son intelligence ; la décomposition des mots lui en indique la juste valeur ; il acquiert une instruction solide qui lui donne un avantage marqué sur ses condisciples, quand il entreprend l'étude des langues.

Il y a plus : l'élève a acquis plus d'orthographe, il connaît mieux le mécanisme des mots à dix ans, qu'un bon quatrième de latinité à douze. (Je suppose qu'il s'est exercé aussi sur la concordance.)

Le maître, de son côté, a acquis l'inappréciable avantage de rendre raison de chaque faute d'orthographe qu'il corrige, sans avoir recours à ces détours embarrassants : c'est l'usage ; cela se sent ; cela vient du latin ; voyez le dictionnaire.

Les rapprochements toujours curieux, toujours intéressants, toujours nouveaux, qu'il est obligé de faire pour donner l'intelligence des familles, et pour créer en quelque sorte la langue, n'ayant plus la sécheresse d'une leçon, l'enseignement devient un plaisir ; et pour l'élève, l'étude n'est qu'un jeu.

Manière de procéder.

Toute méthode exige une manière de procéder qui en assure le succès. Dès que l'enfant lit sans hésiter, s'il a fréquenté une bonne école, il sait assez écrire, pour écrire enfin, sur l'ardoise et sous la dictée, les exercices qui composent cet ouvrage. On fera marcher de front la grammaire pratique par M. Vanier, à l'usage des écoles primaires et adoptée par l'Université. Les leçons sont de trois quarts d'heure environ.

Un élève intelligent dicte le mot et l'écrit sur la

planche noire, à mesure que les élèves tour-à-tour lui en dictent les lettres; les autres enfants écrivent sur l'ardoise ou sur le papier. Quand la planche noire est remplie, on vérifie l'ouvrage, le maître donne des cachets aux plus méritants, et celui qui en a le plus à la fin de la leçon, obtient une médaille d'honneur. L'on efface et l'on recommence. (*a*)

À vue de ce qui est écrit sur la planche noire, le maître donne les développements qu'il croit nécessaires; il indique les rapports qui existent entre les mots d'une même famille : par exemple, il dira que *apostolat* est la mission de *l'apôtre*; (exercice sur l'accent circonflexe); que *l'acoustique* est la théorie des sons, l'art *d'écouter*; que *âpre* est ce qui cause de *l'aspérité* à la langue et par suite une saveur *âpre*. Il sera quelquefois obligé de faire l'histoire du mot, si le rapport qu'a ce mot avec celui qui lui correspond n'est pas direct et sensible.

Ces exercices, qu'il ne faut pas craindre de voir plusieurs fois, peuvent se varier; tantôt en dictant deux à deux les mots des colonnes ainsi enclavées ⏜, tantôt en dictant l'un pour faire écrire l'autre, tantôt en les dictant sans ordre, et tantôt enfin, selon les vues de l'instituteur ou la nature de l'exercice. Les mots des colonnes qui ne sont pas enclavées se dictent un à un ; les règles qui sont en tête des exercices, doivent être répétées, souvent par les élèves, et accompagnées des développements que le maître aura donnés.

Quand on sera un peu fort, il sera bon d'extraire

____

(*a*) Je voudrais bien que le désir de s'instruire soutînt seul l'émulation des enfants, et que le sentiment d'avoir acquis de l'instruction, fût pour eux une récompense suffisante ; mais il leur faut des hochets : et à nous aussi.

les raisons qui sont un peu difficiles, pour les apprendre de mémoire. (*a*) Enfin, on fera des dictées d'un livre quelconque, et l'on indiquera le *pourquoi* de toutes les lettres qui ne sont pas conformes à l'épellation naturelle, ainsi qu'on l'a vu au commencement de cette préface ; mais plus brièvement. On y ajoutera les *pourquoi* qui sont du ressort de la grammaire.

L'auteur ouvrira, en son domicile rue Montorgueil, n° 54, à Paris, des cours pour les instituteurs ou institutrices qui désireraient connaître toutes les ressources de la méthode, et une foule de détails qui ne peuvent être indiqués dans le cadre d'une courte préface.

Les numéros de renvoi sont ceux des exercices qui s'éclaircissent l'un par l'autre.

(*a*) Soit dit en passant, ces exercices sont la mnémonique de notre orthographe.

ALPHABET ORTHOGRAPHIQUE.

Aspiration d'air ou aspiré h ——— voyelles douces e i y ——— voyelles dures a o u (y est supplémentaire.)

CONSONNES ou ARTICULATIONS.

	labiales	dentales	sifflantes	nasales	palatales	gutturales	doubles
Consonnes disposées par analogues doux et durs.	m b p v f	d t	j ch z s	gn n	ill l r	y gu g qu c	gs cs
Conson. supplémres.	f	d	g s c çt x		il		x
Consonnes étrangères	w ph	th	sch		rh	ch k	
Consonnes doublées	mm bb pp	ff dd tt	ss sc	mn nn	ll rr	gg cqu	cc xc
Cons. avec l'apostro.	m' d' t' j' s' c' n' l' r' qu' — avec le tréma ou trait d'union -t-, -s-, d-, e-, nt-						

Voyelles ou sons de la langue française, et diverses manières de les écrire.

	e	eu	é	è	i	a	o	u	ou	an	in	on	un	oi	oin
Manière naturelle	e	eu	é	è	i	a	o	u	ou	an	in	on	un	oi	oin
Manières supplémentres		ai		ai y		e	au	•		en	ain				
Sons formés avec le e			ei			ea	eo eau	eu	eou	ean	ein	eon	eun	eoi	
Sons formés avec le m										am	em im	om	um		
Sons formés avec le h (l'aspiré)		heu	hé eh		hy hi	ha ah	ho oh hau	hu uh	hou ouh	han ham	hen hin	hom	hum hun	hoi	
Avec l'acc. circonflexe		eû	ê		î		ô	û	oû		in			oî	
Avec l'ac. aigu et le t			êt		ît	ât	ôt	ût	oût		int			oît	uint
Sons finals avec le e		ene	én		ie		oc	ue	ouo					oje	
Sons finals avec le t		eut	et	ait	it		ot		ont	ant	eint	ont	unt	oit	oint
Sons finals avec le s	es	eus eués	ès ées	ais aies	is ies	as	os		ous oues	ans	eins	ous	ous	ois oies	oins
			ets	ants	its		ota	uls	outs	ants	ents aints	onts		oits	oints
Sons finals avec le x		eux	ex	aix	ix		aug eaux	ux	oux					oix	
Sons finals avec ent	ent		éent	aient	ient			uent	ouent					oient	
Sons avec le tréma			ë											oë	
Manières diverses (On ajoute aussi le s à la plupart de ces manières)		œu œux œufs œud	ed ef ez	es est eps ec ect	aid		op ost oc aulx	oub oup oud aw	oi oubs oup oud oul	amp aud aug ane	empt end eng ems emps	dim aim aud eng	omb omp oud ong one	oid oids	ond oid oids oinds

NOTIONS PRÉLIMINAIRES.

SONS DE LA LANGUE FRANÇAISE.

Il importe essentiellement pour l'étude de l'orthographe de distinguer les voyelles et les consonnes, en douces et en dures, (faibles ou fortes) ainsi qu'il suit :

Voyelles douces. e i y.   *Voyelles dures.* a o u.

Consonnes.

| douces. | « b v d j z gn ill « y gu g. |
| dures. | m p f t ch s n l r « qu c. |

Les consonnes douces n'exigent de l'organe qui les articule qu'un faible mouvement pour être prononcées ; les dures, au contraire, en exigent un plus fort. Pour sentir cette différence, il suffit de s'écouter en articulant tour-à-tour *b p, v f, d t,* etc.

Les consonnes, ainsi classées, s'appellent ANALOGUES ; chaque lettre inférieure est l'analogue dur de la lettre supérieure, *et vice versâ. m r y* n'ont pas d'analogues.

Considérez chacune des lettres groupées *ch gn ill gu qu* comme une seule consonne, puisqu'elles ne forment qu'une seule articulation, et chacun des groupes *eu ou an in on un oi,* comme une seule voyelle, puisqu'il ne forme qu'un son unique.

Il importe aussi de prononcer et de nommer les lettres me be pe, ve fe, de te, je che, ze se, gn n, le re, ille comme dans *trouvaille* — *g* comme dans *orgue* — *c* comme dans *il troque* — *gu* mouillé comme dans *orgueil* *qu* mouillé comme dans ac*quie*scer — et *y* consonne comme dans corro*y*eur.

H n'est ni voyelle ni consonne, c'est le signe d'une aspiration d'air, nommé le ASPIRÉ.

Les lettres *g* et *c* se prononcent *je se,* et se nomment *jé sé,* avant les voyelles douces *e i y.* Le *k* s'appelle *câ,* pour le distinguer du *c* et du *qu.*

Toutes les lettres sont du genre masculin : il faut dire le *me*, le *be*, etc.

On voit, par le tableau ci-joint, de combien de manières diverses le même son peut être représenté, et quels sont les signes supplémentaires des articulations. C'est le choix à faire entre ces diverses manières et ces signes supplémentaires, qui constitue la science de l'orthographe radicale.

EXERCICES
SUR L'ORTHOGRAPHE RADICALE. (a)

(Exerc. 1.) Différence des Consonnes douces et dures.

b		*p*		*v*		*f*	
un	bas	un	pas	sa	voix	la	foi
un	ban	un	pan	un	veau	il	faut
un	bon	un	pont	la	vue	il	fut
un	bain	un	pain	un	vœu	le	feu
il	borde	il	porte	je	vis	je	fis
le	baril	le	pari	le	vol	la	folle
le	bal	le	pal	la	ville	une	fille
il	baille	la	paille	qu'il	veuille	une	feuille
le	ballet	un	palet	le	vouloir	un	fouloir
un	badin	un	patin	le	vin	la	fin

d		*t*		*ge j*		*ch*	
il	date	il	tâte	l'	âge	un	lâche
	adroit		étroit	la	joie	le	choix
un	drame	il	trame	il	agit	le	hachis
le	Dante	la	tante	j'	arme	je	charme
une	daube	une	taupe	j'	ai		chez
la	dartre	le	tartre	les	gens	les	champs
	droit		trois	il	jase	il	chasse

(a) Mon syllabaire est aussi un exercice continu sur les lettres analogues, grand in-8°, de l'imprimerie de Bobilier à Vesoul, et se vend chez l'auteur.

dresser	tresser	il joua	il échoua
il drappe la	trape	une jatte	une chatte
le dos le	taux	il jète	il achète

s z	*s ce*	*gu*	*g*
la gaze	la casse	guider	gâter
la base	basse	le gain	le grain
le onze	l' once	en guise	grise
douze	douce	un guéret	un goret
treize	la tresse	la guérite	marguerite
quatorze	l' entorse	un guéridon	nous gardons
quinze	on rince	la guimpe	il grimpe
seize	on cesse	le gué	on est gai
blaise	on blesse	la guépe	la gaufre
une rose	une rosse	un gueu	la gouache

qu	*c q*	*gs*	*cs*
les quilles	les cailles	exemple	alexandre
les esquilles	les écailles	examen	exclusion
qui	que	exhiber	excepter
un faquir	factice	sexagésime	lexicographe
quêter	couter	exact	ixion
un acquêt	un écouet	exaspérer	araxé
acquiescer	quiétisme	exagérer	axiome
le quintal	le cantal	exorde	anxiété
un coquet	la coque	exaucer	paradoxe
le cercueil	il circule	exergue	dextérité

Pour faire sentir les différences de ces sons analogues, on soulignera les lettres que l'on veut indiquer, en les faisant nommer par les élèves.

Pour l'orthographe et pour la bonne prononciation, on mouillera les analogues *gu qu*, et l'on fera sentir la dureté de *g* et de *c*, relativement à *gu qu*, en formant deux autres exercices : l'un, des deux colonnes de gauche, *guider, les quilles* ; et l'autre, des deux colonnes de droite, *gâter, les cailles* ; etc. (a)

(a) Dans l'Alsace et dans la Lorraine, le maître sera obligé d'agrandir ces exercices.

FORMATION DES MOTS.

Les mots se forment 1°, de mots racines auxquels on a ajouté des présyllabes et des postsyllabes.

2°, De plusieurs mots entiers, et réunis par des traits d'union.

3°, De plusieurs mots altérés et réunis en un seul, au point d'être devenus méconnaissables.

4°, De mots racines qui ont perdu leur sens, et qui n'en obtiennent, maintenant qu'au moyen de diverses présyllabes.

5°, De mots seuls qui ont subi diverses altérations.

6°, De mots étrangers. C'est pour ceux-là que sont réservés le w double, le ph ou p aspiré; le rh ou r aspiré; le sch ou s ch; le ch ayant le son du k, et le k lui-même.

MOTS-RACINES ou PRIMITIFS,

auxquels on a ajouté des présyllabes et des postsyllabes.

présyl.	racine.	postsyl.	présyl.	racine.	postsyl.
	PORT			POSE	
	port	er	re	pos	
	port	ée		pos	er
	port	eur		pos	ition
	port	euse		pos	itif
a p	port	er	re	pos	er
ra p	port	er	pré	pos	er
dé	port	er	a p	pos	er
im	port	er	ex	pos	er
ex	port	er	ex	pos	ition
su p	port	er	com	pos	er
su p	port		su p	pos	er
trans	port	er	inter	pos	er
trans	port		entre	pos	er
col	port	er	trans	pos	er
col	port	eur	pro	pos	er
col	port	euse	pro	pos	
com	port	er	pro	pos	ition
ré im	port	er	dé	pos	itaire
dé	port	ation	im	pos	er
im	port	ation	im	pos	ition

présyl.	racine	postsyl.	présyl.	racine	postsyl.
ex	port	etion	im	pô	t
su p	port	able	im	pos	teur
in su p	port	able		pos	té
trans	port	able		pos	ter
im	port	ant	a p	pos	ter
im	port	ance	su p	pô	t
ra p	port	eur	dé	pô	t
(a)	port	ant	dis	pos	

	METTRE			ÉCRIRE	
dé	mettre		dé	crire	
re	mettre		ré	crire	
com	mettre		sou	scrire	
sou	mettre		tran	scrire	
trans	mettre		pro	scrire	
pro	mettre		pre	scrire	
per	mettre		con	scrire	
ad	mettre		circon	scrire	
o	mettre		in	scrire	
é	mettre		tran	scrit	
entre	mettre		con	scrit	
dé	mis	sion	pro	scrit	
re	mis	sion	manu	scrit	
co m	mis	sion	de	script	ion
per	mis	sion	de	script	ible
ad	mis		de	script	if
ad	mis	sion	sou	script	ion
ad	mis	sible	su	script	ion
co m	mis		con	script	ion
co m	mis	saire	post	script	um
co m	met	tant	é	criv	ain
entre	met	teur	é	criv	assier
ntro	mis	sion	é	crit	ure
	met	teur	é	crit	oire
co m	met	tant	en	cre	etc.

(a) On effacera sur la planche noire les présyllabes et les postsyllabes, pour les faire retrouver par les élèves (sans cependant exiger le même ordre.)

On voit qu'une racine peut avoir plus d'une présyllabe et qu'on double la consonne initiale du mot-racine, après les présyllabes A I O CO SU DI (14). Omettre avec un seul *m* est excepté.

Une telle série de mots s'appèle une FAMILLE; les familles ci-jointes, loin d'être épuisées, deviennent bien plus nombreuses, si l'on ajoute aux mots qui les composent les terminaisons qu'admettent la déclinaison et la conjugaison. (a)

présyl.	racine	postsyl.	présyl.	racine	postsyl.
	CHAL	eur		VOIR	
	chal	eureux	re	voir	
	chal	and	pré	voir	
	chau	d	pour	voir	
	chau	fer	entre	voir	
é	chau	fer		vue (la)	
é	chau	fement	l'entre	vue	
ré	chau	fer	bé	vuë (la)	
	chau	ferie		vis	ion
	chau	fage	ré	vis	ion
é	chau	dé (un)	pro	vis	ion
	chau	fe panse	pro	vis	oire
é	chau	boulure	pré	voyan	ce
	chau	foir		vis	uel
	chau	feur		vis	age
	calor	ique		vis-à-vis	
	chau	dière		vu	
	chau	dron		vis	a
	cau	tère		vis	er
	cau	stique	pour	voy	eur

(3) Il suffit qu'un mot qui n'a pas de sens par lui-même se lie à deux présyllabes, pour être réputé racine.

	SPECT	acle		GARD			LUD	er
a	spect		é	gard		é	lud	er
re	spect		re	gard		pré	lud	e
su	spect		re	gard	er	pré	lud	er
in	spect	er		gard	e	il	lus	ion
circon	spect			gard	er	il	lus	oire

(a) Le maître doit exercer les élèves à former eux-mêmes de ces séries ou familles sur une racine donnée : telles sont *bord*, *fin*, *son*, *part ir*, et *part*, *rive*, *long*, *us*, *net*, *sort*, *bon*, *un*, *deux*, *trois*, etc.

Colonne 1

prés.	rac.	pos.
	spect	re
pro	spect	us
	spéc	uler

MOLE (masse)

prés.	rac.	pos.
im	mol	er
dé	mol	ir
ab	ol	ir
ab	ol	ition

CES

prés.	rac.	pos.
ab	cès	
a c	cès	
dé	cès	
ex	cès	
pro	cès	
su c	cès	
	céder	
a c	céder	
a c	ces	sible
pro	ces	sif
pro	céd	ure
pro	ces	sion
pré	ces	sion
rétro	céder	
inter	céder	
inter	ces	sion

Colonne 2

prés.	rac.	pos.
eu é	gard	
à l'é	gard	
ha	gard	
	empt	
ex	empt	
per	empt	oire
réd	empt	ion
	emp	lette

GRÈS

prés.	rac.	pos.
pro	grès	
con	grès	
	gres	ser
trans	gres	ser
pro	grès	sion
pro	grès	sif
a	grès	seur
di	gres	sion
	grad	er
dé	grad	er
	grad	uer
	grad	uel
	grad	ation
	grad	in
	grad	e
	grad	uation

Colonne 3

prés.	rac.	pos.
al	lus'	ion
col	lud	er
col	lus	ion

SURGER

prés.	rac.	pos.
ré	surger	
ré	surec	tion
in	surger	
in	surec	tion

SPIRER

prés.	rac.	pos.
a	spirer	
ex	pirer	
in	spirer	
re	spirer	
sou	pirer	
tran	spirer	
tran	spir	ation
in	spir	ation
a	spir	ant
e	sprit	
	spir	ituel
	spir	itueux
a	spir	ation
re	spir	ation
	spir	itualité
sou	pir	(un)

AUTRES FAMILLES

Dont les mots principaux, seulement, sont indiqués,
sans avoir égard aux présyllabes ni aux postsyllabes.

CROIRE	FOI	ACRE	PLI
croyant	fier	acide	plier
cru	défier	aigre	deplier
croyance	méfier	acerbe	impliquer
crédule	méfiant	agacer	expliquer
créance	confiant	aigu	compliquer
croyable	fiancé	aiguiser	appliquer
créditer	fidèle	aiguille	supplier
mécréant	confident	besaigüe	des plis

à-crédit	féal	acariâtre	plisser
accroire	perfide	acier	surplis (un)
LA GENT.		**SENS (a)**	**ÉCOLE**
les gens	les gentils	sensé	écolier
génération	gentillesse	sensation	scolaire
général	gencives	sensible	scolastique
genre	origine	sensuel	disciple
gendre	génésie	sentir	discipline
engendrer	généalogie	sentiment	science
génie	génital	sentence	sciemment
génisse	géant	resentir	escient
généreux	engeance	consentir	conscience
génitif	gigantesque	sentine	savoir
génèse	gendarme	sentinelle	savant

(4) SIGNIFICATION DES PRÉSYLLABES.

présyllabes.	signification.	exemples.	
a ad	sur, contre	ac coupler	al lumer
a ab	de, ôté de	a version	ab user
anté anti	avant, opposé	anti chambre	ante christ
arch	premier	arch évêque	arch ange
co con	avec	com père	co allition
circ circon	autour	circ uler	circon voisin
dé di dis	défaire	dis proportion	di famer
é ex	hors dehors	é vider	ex porter
extra	outre	extra vaser	extra ordinaire
en in	dans, sur	en fermer	en duire
i	qui n'est pas	ir régulier	im moral
intro	en-dedans	intro duire	intro mission
inter	entre	inter poser	inter dire
mé	mal	mé fier	mé priser
o ob	sur, pour	op primer	ob server
	à cause, contre	op poser	oc casion
par	au travers	par courir	par semer

(a) Il y a des familles qui se divisent en deux branches comme celles de *sens, sentir, grès, grade, les gens, génie, école* et *science*.

J'ai choisi à dessein des familles difficiles dans les rapports de leurs mots, pour éveiller la sagacité de l'instituteur et lui indiquer quel parti l'on peut tirer de la méthode des familles, quand on ne peut prendre ses raisons dans la langue latine.

per	continuité	per sévérer	per manent
pro	en avant	pro clamer	pro mettre
pré	d'avance	pré syllabe	pré caution
post	après	post syllabe	post scriptum
re	de nouveau	re faire	re dire (a)
ré	accroît le sens	ré vérer	ré puter
	le renforce	ré générer	ré sister
su sub sou	dessous, sous	sup poser	sup primer
su specter	sou mettre	sub venir	suc comber
sé	soi, à soi	sé duire	sé parer
trans	mutation	trans former	trans porter
	au delà	trans crire	trans iger
un uni	unique, seul	uni forme	un anime

(5) SIGNIFICATION DES POSTSYLLABES.

POSTSYLLABES AFFECTÉES AUX ADJECTIFS.

Postsyllabes.	*Signification et exemples.*
able ible	Qu'on peut rendre tel, qui est de nature à *sensible*, *palpable*, *désirable*, *plausible*, *traitable*, *amiable*.
aire oire } ain aine }	Qui appartient à, qui porte en soi. *notaire*, *notoire*, *humain*, *humaine*, *riverain*, *riveraine*, *illusoire*.
âtre	qui attire à soi. *albâtre*, *saumâtre*, *noirâtre*.
eux se	qui abonde en. *généreux*, *sabloneux*, *douloureux*.
eur rice	qui se plaît à. *protecteur*, *ordonnateur*, *donatrice*.
if ive	qui fait, qui devient, qui peut. *plaintif*, *convulsif*.
il ile	c'est une corruption de ible, car le sens est le même. *subtil*, *inutile*, *débile*, *docile*.
ic ique	qui tient de, qui ressemble à. *domestique*, *publique*, *satyrique*, *frénétique*.

(a) *Ré* est au lieu de *re* dans *réprimer*, *rétendre* pour *re étendre*, *ré action* pour *re action*, *ré itérer* pour *re itérer*, *ré pandre* pour *re épandre*. Cette remarque dirige dans la manière d'écrire et de prononcer cette sorte de mots.

aud	augmentatif. *bad aud, nig aud, trig aud, grim aud, pat aud.*
et ette }	diminutifs. *batel et, min et, min ette, corn et, fill ette.*
ot otte }	*mign ot, mign otte, une devin otte, vieill ot, vieill otte.* (cette présyllabe appartient aussi aux noms.)

POSTSYLLABES AFFECTÉES AUX NOMS. (a)

age	indique le résultat de l'action permanente : *courage, mariage*
ion	indique le résultat de l'action faite. *notion, mission, action, donnation, impulsion.*
ment	intention désir, volonté d'agir. *soulagement, sentiment, acharnement, tempérament.*
eur euse }	état habituel. *chanteur, plieur, voleur, professeur.*
ier e }	*barbier, tonnelier, sellier, cabaretier, chansonnier.* (ces postsyllabes appartiennent aussi aux adjectifs.)
ance ence	le résultat de la qualité habituelle. *constance, clémence, tolérance, vengeance, urgence.*
té	nom provenant d'une qualité. *beauté, dureté, fierté, qualité* pour *quelleté, fausseté, témérité.*
isme	abondance ou excès. *civisme, purisme, déisme, patriotisme.*
oir oire	chose faite pour. *tiroir, écritoire, dévidoir, saloir.*
aille	augmentatif ridicule, *ripaille, canaille, marmaille.*
esse	augmentatif. *allégresse, prouesse, devineresse.*
ille elle	diminutifs agréables. *flotille, mantille,*

(a) Je ne prétends pas faire un traité de terminaisons, mais donner une idée du mécanisme de notre langue ; ainsi ce léger aperçu doit suffire pour l'intelligence des familles et des exercices qui composent cet ouvrage.

*écadille , coquille , jouvencelle , pru-
nelle , tourterelle , parcelle.*

au eau diminutifs *préau, fabliau, cerceau, jou-
venceau.*

(6) MOTS ENTIERS RÉUNIS PAR DES TRAITS-D'UNION.

RÈGLE. On rattache par des — les mots-qui, étant réunis,
ne présentent qu'une seule idée, ou qu'un seul objet.

à-reculons	après-demain	l'eau-de-vie
à-tâtons	avant-hier	tout-à-fait
à-grabottons	l'après-dinée	un mal-entendu
le contre-poison	un après-midi	tout-de-bon
l'avant-bras	un hors-d'œuvre	un bel-esprit
l'abat-jour	un sous-bail	un beau-frère
l'avant-garde	un sous-diacre	le plain-chant
le bien-être	à mi-voix	tout-au-plus
le mal-aise	la sous-garde	ni-plus-ni-moins
à contre-cœur	un sous-lieutenant	à vau-l'eau
un faux-jour	en sous-ordre	de clerc-à-maître
la contre-marque	l'avant-scène	sens-dessus-dessous
mal-à-propos	l'avant-dernier	un contre-sens
l'extrême-onction	la mal-adresse	le point-d'honneur
un contre-temps	le chèvre-feuille	le pis-aller
un venez-y-voir	des choux-fleurs	la planche-à hacher
un je-ne-sais-quoi	la canne-à-sucre	un casse-noisette
une contre-mine	l'arbre-à-pain	un porte-clé
le pain-à-cacheter	la cire-d'espagne	le trait-d'union
le château-d'eau	le porte-enseigne	le porte-drapeau

(7) MOTS ALTÉRÉS ET RÉUNIS EN UN SEUL.

mots	signification	mots	signification
un vaurien	vaut rien	alarme	à l'arme
fainéant	fait néant	affront	à front
une affaire	chose à faire	malfaisant	faisant mal
autrui	autre lui	surtout	sur tout
préjugé	jugé d'avance	enfin	en fin, finir
printems	premier temps	épouvanter	é pouvant er
vinaigre	vin aigre	contracter	faire acte con-
monsieur	mon sieur		tre

mots	signification	mots	signification
sourire	sous rire	au aux	à le, à les
déjeûner	ne jeûner pas	du des	de le, de les
calfeutrer	caler de feutre	maintenant	tenant la main
arriver	venir à la rive	superbe	super beau
primevère	premier vert	solstice	soleil en sta-
exemple	ex semble (il		tion
	semble de là)	alphabet	alpha betha
faubourg	faux bourg	unanime	d'une seule
vociférer	porter la voix		ame
beaucoup	belle copie ou	caparaçon	cape à arçon
	copieusement	intercaler	caler entre
atrabilaire	bile ou bile	d'abord	de abord
	noire	gendarme	gens d'armes
auparavant	au par avant	prématuré	mûr d'avance
présumer	faire somme	enrôler	mettre en rôle
	d'avance	effacer	mettre hors
accuser	mettre en cau-		de face
	se	faufiler	passer du fil à
excuser	sortir de cause		faux
envoyer	mettre en voie	néanmoins	moins que né-
essuyer	oter la sueur		ant
enseigner	mettre dans	parceque	par cela que
	les signes,	toujours	tous les jours
	(les lettres)	effrayer	sortir du fraï
dorénavant	de hors en		de la route
	avant	l'ennui	en nui (de nui-
embrasser	prendre dans		te)
(a)	ses bras	messire	monsieur
aujourd'hui	à le jour de hui		

MOTS PRIMITIFS

qui n'ont de signification que par des présyllabes.

verbes	noms	signification	présyllabes
céder	cès	marcher	ac, dé, ex
célérer	célération	hâter	ac

(a) L'instituteur aidera à la signification de plusieurs mots que le peu de place ne m'a pas permis de développer.

verbes	noms	signification	présyllabes
cepter	ceptation	prendre	ac, inter
cevoir	ception	prendre	re, con, dé
ciper	cipation	prendre	ac, anti
cire	cision	couper	oc, circon
clamer	clamation	crier	ac, dé, pro
cliner	clinaison	pencher	dé, in
comber	combe	tomber	suc
cuper	cupation	prendre	oc, préoc
culper	culpation	accuser	in, dis
cuser	cusation	causer	ac, ex
diquer	dication	dire	ab, in
duire	duction	mener	sé, dé, in, con
férer		porter	dé, di, in, pro
fier	fication	être fait	mortifier, *etc.*
fire	fection	faire	con, su
foquer	focation	étoufer	su
fusquer		fâcher	of
fler	fle	souffler	sou, af
fliger	fliction	punir	af, in
frir	france	porter	sou, o
frai	le frai	flairer	e
froi	*idem*	effrayer	e, bé
gérer	gestion	agir, faire	sug, in, di
gresser	gression	avancer	trans, a, di
hender	hension	craindre	appré
hérer	hésion	joindre	ad, in
hiber	hibition	montrer	ex, ad, in
horter	hortation	engager	ex
humer	humation	terrer	ex, in
iger	action	agir	trans, ex
loquer	location	parler	inter, dis
luder	lusion	jouer	al, il, col
merger	mersion	plonger	sub, im,
moler	molation	mettre sur l'au-tel	im
olir	olition	détruire	dém, ab
orer	oraison	ouvrir la bou-che	ad, per
peler	pelation	choisir	ap, é, inter
plaudir	issement	louer	ap
pliquer	plication	plier	ap, ex, con

verbes	noms	signification	présyllabes
primer	pression	presser	op, im, sup
quérir	quisition	chercher	ac, in, per
riger	rection	dresser	é, di, con
roger	rogation	prier	ar, dé, pro
sérer	sertion	mettre	in, as
server	servation	garder	ob, con, pré
sister	sistement	être stable	dé, as, con, per
sommer		finir	as, con
specter	spection	regarder	re, in, circon
spirer	spiration	soufler	as, ex, re, in
sumer	somption	élever	pré, con, as
surger	surrection	se lever	in, ré
situer	stitution	rendre stable	in, re, con, de
streindre	striction	reserrer	as, re
teler		mettre des traits	at, dé, réat
vertir	{ vorce / version }	tourner	a, di, con
vier		cheminer	dé, ob, en

(9) ALTÉRATION DES MOTS PRIMITIFS.

1° Les consonnes du même organe se sont confondues, ou bien elles se sont transformées en consonnes d'un autre organe (voyez l'alphabet orthographique.)

serviteur	service	suc	sucer
arqué	arçon	vocal	voix
vineux	vigne	filial	fille
noble	ignoble	folio	feuille
calvitie	chauve	calorique	chaleur
cantate	chanter	campagne	champêtre
loup	louve	abrévier	abrégé
naïf	naïve	dévaster	gâter
magique	magicien	capucin	capuchon
répondre	réponse	tendu	tension
mordre	morsure	écorce	écorcher
pulvériser	poudre	racine	arracher
grec	grèce	moquer	moucher

2° Le son d'une voyelle s'est altéré au point de prendre le son d'une autre, soit en se changeant totalement, soit en s'adjoignant d'autres voyelles.

On remarquera que oi s'est changé en E ou en É, que IN s'est changé en EN, I en E, et ou en U.

qu oi	qu e	m oi	m e
l oi	lé gal	dr oi t	d re sser
roï	r é gner	je d oi s	je de vrai
v in	v en dange	in terne	en trer
in fanticide	en faut	in testins	en trailles
il	e lle	di eu	dé esse
f issure	f é ler	si mulacre	s e mbler
s ou rd	su r d té	b ou t	le b u t
l ou p	lu percales	a oû t	auguste
d ou x	éd u lcorer	p ou ls	p u lsation
s a nté	s ai n	vill a ge	vill ai n
d i gne	d ai gner	s ou r ce	s o rtir

3° Des consonnes sont devenues voyelles : ce sont L et *ill* qui se sont changés en U. (28)

fana l	fana u x	ba il	ba u x
be l	bea u	cie l	cie u x
fi l s	fie u (vieux)	oei l	ye u x
mo l	mo u	travai l	trava u x
cu l	que u e	fa ll oir	il fa u t
cha l eur	cha u d	le sa l ut	se sa u ver
disso l vant	disso u dre	de l e	d u
se ille	un sea u	à l e	a u
vie ill e	vie u x	à l es	a u x
che v elure	che v eu	féa l	féa u x

4° s, U, E ont souvent été remplacés par des accents. (16)

ap os tolat	ap ô tre	h os pice	h ô pital
ro u ler	rôle	il pa ie ra	il paîra
es couter	é couter	du e ment	dûment (a)

(a) On ne donnera les exercices 4, 5, 8 et 9 aux jeunes enfants, que lorsqu'on les croira capables de les comprendre. Le 9ème n'est en lui-même qu'un exposé succinct des altérations que les mots ont subies.

Ces altérations et les autres exercices sur la formation des mots, sont la raison suffisante des règles qui sont en tête de chaque exercice, comme chacun des mots d'un de ces exercices est la raison suffisante du mot qui lui correspond.

5° Des lettres ont disparu tout-à-fait :

on écrivait	on écrit	on écrivait	on écrit
poulmon	poumon	édict	édit
bled	blé	sçavoir	savoir
escran	écran	clef	clé
saoul	soul	hérault	héraut
ptisanne	tisanne	baptême	batême

(10) MOTS ÉTRANGERS DEVENUS FRANÇAIS VULGAIRE.

RÈGLE. Un mot étranger est souvent celui dans la famille duquel il n'y a pas de verbe. *(a)*

Les mots sont disposés par ordre de sons entendus, (audibles) et non par ordre alphabétique.

absynthe	diaphane	martyre (le)	panthéon
alphabet	diarrhée	méthode	paralyser
amphibie	dauphin	myope	(se parenthèse
anathème	écho	métamorpho-	pathétique
anachorette	éphémère	myrrhe	pentecôte

(a) Ce n'est pas à moi à déterminer s'il convient d'écrire ces mots selon la prononciation française ; mais comme, depuis que j'existe, j'ai vu un grand nombre de mots grecs, latins, germains, prendre l'orthographe et la prononciation françaises, je puis prédire qu'avant vingt ans tous ces mots quitteront leur physionomie étrangère comme ont fait *phiole, estomach, throne, tyran, ptisanne,* etc.

Ne pourrait-on pas, sans être ridicule, écrire, *rume, asme, frase, orison, ipotèque, isme?* cette licence paraîtrait grande, et cependant on ne ferait que prévenir l'usage et le temps. Ne prononce-t-on pas *béchique* et *rachitis* en dépit du Qui grec pour lequel on a une très-haute vénération ?

Il faut espérer qu'il en sera de même à l'égard des mots *vermicelle, violoncelle,* qu'on veut prononcer *vermuchelle, violonchelle,* de *Schakespear, Welington,* qu'on veut prononcer *Chexpire, Ouelinetone,* et de tant d'autres dont un pédantisme outré ou un ton affecté prend à tâche de charger notre mémoire et nos grammaires, sans penser que nous nous rendons ridicules aux oreilles des étrangers-mêmes, parce que la bonne prononciation de leurs langues n'est pas donnée à nos organes.

Admettons, acueillons-même des mots étrangers, toutes les fois qu'ils nous transmettront des idées neuves, ou des objets nouveaux ; mais prononçons-les à la française : c'est ce qu'ont toujours fait toutes les personnes de bon sens.

apathie	exhaler	mausolée	prophète
arrhes	exhorter	musée	phalange
archange	exhumer	métaphore	pharmacie
arithmétique	œsophage	métempsicose	phase
asthme	éther	méthode	phare
asphixié	étymologie	mythologie	philosophe
athmosphère	eunuque	olympe	phénomène
athée	euphonie	opium	philantropie
athlète	emphase	orchestre	rhéteur
athénée	gaz (le)	orthodoxe	rhumatisme
bacchanale	gymnase	orthographe	rhume
chaos	isthme	océan	sarcophage
camphre	kilo	prosélyte	scène, sceptre
cantharide	léthargie	pygmée	schisme
catharre	lycée	phrase	synagogue
cathédrale	lyre (une)	physique	symptome
cohorte	labyrinthe	physionomie	syndic
chrême (le st)	léthargie	phthisie	synode
cylindre	martyr (un)	phosphore	synonyme

Cependant, conservons religieusement la forme de ces mots français dont l'orthographe nous paraît bizarre. Les lettres dont ils sont entourés sont les signes distinctifs qui leur appartiennent, comme chefs de famille, afin de n'être pas confondus avec leurs homonymes.

Tels sont les mots *vingt, seing, doigt, pouls, pied, temps, touts* dont toutes les lettres qui paraissent inutiles sont entendues dans les mots *vigésimal et vingtième, signature, pulsation, pédestre, intempestif, toutes,* et que quelques uns veulent écrire *pié, tems, tous.*

Gardons-nous de ces mutilations, elles priveraient notre langue du seul caractère national qu'elle possède. Chaque mot frustré du signe distinctif de sa famille deviendrait étranger à lui-même, et ce serait en vain qu'on courrait après le sens du discours, au travers des nombreux homonymes dont il serait jonché.

Il est bon, néanmoins de retrancher le T dans les mots terminés par *ant*, et *ent*, lorsqu'ils n'attendent pas de dérivés.

on écrira avec un T	à cause de	on écrira sans T
les sentiments	sentimental	les enterremens
les enfants	enfantillage	les égaremens
touts	toutes	les bâtimens
prudents	prudentes	les châtimens

Encore, ne faut-il considérer cette licence que comme un moyen d'abréviation en écriture.

solécisme	syntaxe	théorie	triomphe
sophisme	symbole	thériaque	trophée
sphère	technique	thermales	type, tyran
strophe	thé (à boire)	thermomètre	zéphir et
style	théâtre	thèse	zéphire
syllabe	théisme	thim (le)	zodiaque

(11) QUANTITÉ ET DOUBLEMENT DES CONSONNES.

On entend par quantité, la distinction des voyelles en brèves et en longues.

Les voyelles A, O, E, prononcées comme dans les mots *plat*, *lot*, *net* sont brèves, et les mêmes voyelles prononcées comme dans les mots *las*, *dos*, *près*, sont longues.

Sont encore longues, les voyelles accentuées, les voyelles réunies EU, OU, AU, OI, les nazales AN, IN, ON, UN, U, I, E, et celles qui font syllabes avec les consonnes L, R.

De cette distinction, dépend le doublement des consonnes.

Les consonnes dures se doublent, les douces ne se double pas. Consonnes dures : M, P, F, T, S, N, L, R, C, QU.

Exceptions pour les consonnes douces.

B ne se double que dans les mots *abbé*, *rabbin*, *sabbat*, et les mots de leurs familles.

D ne se double que dans *addition*, *adducteur*, et les mots de leurs familles.

G ne se double que dans *agglomérer*, *agglutiner*. (On peut s'en dispenser.)

Q se double par le C dans les familles d'*acquérir*, *acquiter*, *acquiescer*, et pas ailleurs.

(11 *bis*.) EXEMPLES COMPARÉS D'OÙ SUIT CETTE RÈGLE.

RÈGLE. Après les sons brefs AT, OT, IT, (*a*) on double la consonne; on ne la double pas après les sons longs. (*b*)

______

(*a*) N'ayant dans notre langue, ni lettres, ni accents représentatifs de ces sons brefs, je me suis servi d'T, qui est la manière de le peindre à la fin d'un mot. (15)

(*b*) Quoique j'aie mis la Règle en tête de chaque exercice, il vaut mieux que l'élève l'établisse lui-même à vue des exemples qu'on aura écrits d'abord.

Leur aître lui adressera quelques questions tendant à exercer son

longues	brèves	longues	brèves
il bèle	une belle	la demeure	le beurre
la pâte	la patte	le heaume	l'homme
le maître	admettre	l'albâtre	se battre
la paume	la pomme	la côte	une cotte
on difame	une femme	on prête	la soubrette
il saute	la sotte	flatueux	flatteur
la maraude	la marotte	il grave	il agraffe
on achète	la mouchette	l'heure	le leurre
il vole	il colle	la zone	il raisonne
il châtie	une chatte	il mêle	la jumelle
la grâce	la crasse	le crâne	la canne
le chôme	il chomme	la tête	il tette
le jûne	il bourgeonne	il ôte	il frotte
une aîle	elle	il jète	il vergette
un âne	susanne	le hâle	la halle
les mânes	la manne	la futaine	qu'il prenne
haute	la hotte	la peine	l'antienne
le faîte	la boufette	marqueter	becqueter
on bâte	qu'il batte	des laites	la toilette
il fêle	une velle		

Celui qui est chargé de la leçon doit prononcer exactement ces sons longs et brefs, et souligner les lettres qui les représentent.

(12) SONS ÉGAUX ou QUANTITÉ ÉGALE.

RÈGLE. On ne double pas la consonne entre deux sons égaux.

EXPLICATION. Les voyelles simples sont égales entr'elles.

Les sons brefs *at*, *ot*, *et*, sont égaux entr'eux.

Tous les sons longs sont égaux entr'eux.

Un son n'est long ou bref dans une syllabe, que relativement au son de la syllabe suivante, quand celui-ci se trouve long, par exemple :

---

intelligence, telles que : Que remarquez-vous dans cette série? Ce que vous remarquez est-il constant? Si telle chose est constante, quelle règle établirons-nous pour écrire cette sorte de mots? Croyez-vous que l'énoncé de cette règle soit exact? etc. Le résultat doit amener une réponse équivalente ou semblable à la règle déjà indiquée.

La première syllabe dans TONNEAU est brève parce-qu'elle n'a qu'une voyelle, et la seconde est longue parce-qu'elle en a plusieurs.

La première syllabe de DIFFÉRENT est brève parceque la voyelle de la seconde est accentuée. Dans ces deux cas, on a doublé la consonne.

Les deux sons dans les mots MOINEAU, PLANTIN, CAUTION, sont égaux, et l'on n'a pas doublé la consonne.

EXEMPLES COMPARÉS.

sons brefs	sons égaux	sons brefs	sons égaux
sonner	la sonate	guttural	le goître
sonneur	sonore	la tappe	le sapajoux
sonnerie	sonica	la belle	le bouleau
sonnailler	sonomètre	le parrain	la parade
nommer	nominatif	la marraine	la marâtre
nommément	nominal	la gamme	il difame
surnommer	nomination	crotté	la cruauté
dénommer	dénommina-	qu'il prenne	prenant
	teur	une femme	féminin
honneur	honorer	qu'il vienne	venant
honnête	honorable	canonnier	canonade
honnêteté	honoraire	appeler	épeler
honnêtement	honorifique	la querelle	la grêle
bonne	bonifier	le tonnerre	intonation
bonnement	bonification	le trottoir	triturer
la panne	la panacée	corollaire	solidarité
le carreau	la carafe	un panneau	la panade
tranquille	vigile	quitte	gîte
une goutte	il goûte	la ville	âme vile
la hutte	la flûte	la mousse	le pouce

Si les sept derniers exemples paraissent contraires à ces deux règles : *ne doublez pas entre deux sons égaux, ni après les sons longs*, il faut considérer que les mots de la colonne de gauche sont brefs relativement à ceux de la colonne de droite.

Bourrer, fourrer, quitter, souffrer, bouffon, bouffir, truffe, buffle et les mots de leurs familles peuvent s'écrire sans doubler la consonne. Voy. le dict. de Boiste.

(13) SUPPLÉMENTAIRE DE s.

RÈGLE. La lettre c remplace deux s, après les sons longs.

EXPLICATION. Puisqu'on ne peut doubler la consonne après les sons longs, on ne peut mettre deux s, si l'on ne peut mettre deux s, il faut mettre le c, en observant de le cédiller avant A, o, u. (a)

Les sons longs sont touts ceux qui ne sont pas AT, OT, ET.

EXEMPLES.

le prince	il perce	l'office	le précipice
une once	le négoce	l'actrice	s'exercer
la grace	il nuce	la limace	décider
la chance	docile	apprécier	le caprice
lucite	facile	percevoir	décevoir
lacérer	la police	décimal	un décime
le suicide	le bénéfice	la nièce	décerner
réciter	l'astuce	la pièce	la cadence
la gerçure	gercer	l'espèce	la substance
l'amorce	farcir	il dépèce	la décence
une farce	il annonce	il avance	le lard rance
tiercer	il prononce	mince	amincir
le divorce	l'écorce	le sorcier	ensorceler
la rançon	harceler	la finance	un incident
la merci	un monceau	morceler	un garçon
remercier	la créance	le larcin	il pince
durcir	il grince	il fronce	le cancer
chancelier	vengeance	exorciser	concilier

(a) On double néanmoins le s quand c'est un mot racine qui s'aggrandit d'une postsyllabe ou d'une présyllabe, et qui finit ou commence par un s, tels sont *gros, grosse, gras, grasse, sueur, essuyer, souffle, essouffler.*

Nous observons en outre, qu'entre les trois raisons orthographiques qui font la base de ces exercices, la raison de famille est la plus puissante, et que celle des remarques est la plus faible. C'est-à-dire que, si deux ou même trois raisons se présentent pour établir l'orthographe d'un mot, celle que la famille indique est celle qu'il faut suivre; à défaut de celle-là, c'est celle de quantité, et enfin celle des remarques,

Les présyllabes et les postsyllabes font partie des raisons de famille.

la société	coïncider	la déférence	éclaircir
l'essence	sociable	l'élégance	un associé
un fiancé	un incendie	le morceau	noircir
les fiançailles	inciter	morceler	la province

Les adjectifs terminés par *ace, èce, ice, oce,* s'écrivent par c excepté *lisse* uni.

Vivace, féroce, tenace, vorace, précoce, factice, rapace, véloce, atroce, nourrice, actrice, novice. (Il n'y en a pas d'autres.)

(14) DOUBLEMENT DES CONSONNES.

RÈGLE. Après les présyllabes A, I, O, CO, SU, DI, on double la consonne, se trouvât-elle même entre deux sons égaux. Après DI, on ne double que le F.

Nota. La présyllabe E, prononcée *et* bref, rentre dans la règle AT, OT, ET, exercice 11 *bis.*

Des exercices 11 bis et de celui-ci 14, suit cette RÈGLE GÉNÉRALE : La consonne initiale ou finale d'un mot racine, se double, quand ce mot s'agrandit d'une présyllabe ou d'une postsyllabe.

ap	porter	com	motion	cor	respondre
sup	porter	oc	currence	im	matériel
ac	cueillir	oc	cuper	ap	procher
il	lettré	al	laiter	cor	rompre
at	taquer	al	lier	cor	rupteur
ac	corder	com	mander	il	lisible
at	touchement	al	léger	il	légal
at	traper	com	misération	il	lustrer
ap	prendre	af	fleurer	sup	planter
at	trouper	com	mettre	sup	primer
ap	puyer	an	nonce	sup	pression
at	terrer	com	mis	sup	poser
sup	plier	an	noter	af	fliction
at	tirer	com	mission	af	fliger
im	mobile	ap	pareil	of	fenser
ar	rêter	cor	riger	ac	cuser
im	modéré	ap	pauvrir	ac	courir
ar	river	cor	rection	com	mode
af	front	ap	prêter	con	nexité

af	franchir	cor	recteur	com	mémoratif
oc	casion	ap	prouver	im	maculé
in	nover	in	novateur	im	muable
sup	port	sup	pôt	suc	comber
suc	cursale	sup	poser	sup	plicer
sup	plique	sup	pléer	col	laborateur
in	nocent	in	nocence	in	nocemment
ef	facer	ef	frayer	ef	forcer
ef	fet (fait)	ef	fort	ef	fectuer
ef	filer	ef	ficace	ef	fleurer
ef	fronté	ef	flanquer	ef	froi

(15) AT OT ET — AS OS ÈS finals.

RÈGLE. Les sons brefs AT, OT, ET finals s'écrivent par T et les sons longs AS, OS, ÈS, s'écrivent par S.

sons longs	sons brefs	sons longs	sons brefs
un pas	un éclat	le tas	un achat
le propos	le tripot	le lilas	le sabbat
le cyprès	le caquet	un héros	le cachot
un amas	un chat	le procès	le regret
un accès	le briquet	le compas	le célibat
nicolas	le forçat	le haras	un rat
un repas	délicat	le chaos	le cahot
dispos	le dévot	le repos	un pot
le succès	le projet	après	un oeillet
un clos	le complot	le progrès	le préfet
le trépas	le résultat	le congrès	le rouet
le récès	le navet	auprès	le croquet
l'enclos	le sanglot	le gros	le pied-bot
exprès	le décret	un os	le jabot
le dos	le falot	des os	un pavot
judas	le sénat	éclos	un abricot
hélas	le plat	le ramas	le concorda
l'abcès	le paquet	le décès	le fausset
l'excès	le duvet	à-peu-près	le poulet
un matelas	le sot	à-propos	le lot
le falbalas	le notariat	un cervelas	le soldat

(Cette règle n'influe en rien sur les verbes, parcequ'ils ont leur terminaisons particulières.)

INSTRUCTION. L'instituteur choisira parmi ces mots ceux qui peuvent s'agrandir, et dans lesquels on entend le T ou le S final, pour en faire un autre exercice ainsi qu'il suit.

soldat	soldatesque	dispos	disposer
abricot	abricotier	le lot	lotir
excès	excessif	célibat	célibataire
matelas	matelasser	préfet	préfecture

Ce qui fait deux raisons pour une d'écrire telle lettre plutôt que telle autre. La première raison s'appele *raison de quantité*, et la seconde *raison de famille*.

(16) ACCENT CIRCONFLEXE.

RÈGLE. L'accent circonflexe remplace un s et quelquefois E ou U qu'on entend, à la même place, dans un mot de la même famille.

EXPLICATION. Ce mot rappele toujours à l'élève celui qui demande l'accent circonflexe, cette règle s'étend à touts les mots de la même famille.

accent	raison	accent	raison
l'apôtre	l'apostolat	prêt prête	preste
âpre	aspérité	des apprêts	preste
l'arrêt	l'arrestation	le prêt	prestation
l'aumône	élémosinaire	des rêts	un reseau
bâtir	bastion	un mêts	comestible
le bâton	la bastonade	une épître	epistolaire
la bête	le bestiaux	être	exister
le blâme	le blasphême	un gîte	gisant
se pâmer	le spasme	l'entrepôt	dépositaire
pâle	le spasme	goûter	déguster
blême	le spasme	la grêle	le gresil
brûler	combustion	l'hôpital	l'hospice
le carême	quadragésim	un hôte	hospitalité
ce château	ce castel	une île	insulaire
châtier	chaste	l'intérêt	interesser
l'évêque	l'épiscopat	relâcher	laxatif
le fantôme	fantasque	le maître	magistrat

la fenêtre	fenestral	le mâle	masculin
une fête	un festin	le moût	mousseux
la forêt	forestier	naître	naissant
mon fouêt	fustiger	le têt	le tesson
un cloître	claustral	un bât	bastonnade
clôre	cloison	dûment	ducment
la croûte	croustiller	embûche	embuscade
la côte	accoster	une bûche	le bosquét
une enquête	questionner	le dépôt	dépositaire
la quête	le questeur	enrôler	rouler
l'impôt	l'imposition	un rôle } le contrôle }	un rouleau
un suppôt	apposter	la piqûre	pour piquure
la dîme	le dixième	la pâte } le pâté }	la pastille
écolâtre	scolastique	la pâture	pasteur
écoûter	acoustique	paître	pastoral
le faîte	le faste	un appât	paissant
la pâque	pascal	le repaître	paissant
pâtir	passion	un pâtre	le pasteur
pêcher	poisson	pû et repû	repaissant
le quêteur	la question	un rôt	roussir
un ragoût	déguster	la chûte	la cascade
la plûpart	plusieurs	tâter	tastigotter
le dévoûment	dévouement	se vêtir	d'une veste
un câdre	un chassis	rêche	arrestation
la têle	testonner	gâguer	le gain
la voûte	le vestibule	mâcher	mastication
châtain } châtaigne }	castagnette	la gaîté	la gaieté
emplâtre	le plastron	il croît	croissant
il paîra	il paiera	il plaît	plaisant
(je voudrais, il faudrait)		il paraît	paraissant
qu'il pailât	que tu parlasses	il connaît	connaissant
qu'il fît	que tu fisses	il s'est tû	taisant
qu'il flât	que tu fusses	il plaîra	qu'il plaise
qu'il vînt	que tu vinsses	il croîtra	qu'il croisse
qu'il dît	que tu disses	il a crû	en croissant
qu'il crût	que tu crusses	qu'il tînt	que tu tinsses
qu'il eût	que tu eusses		

REMARQUES.

Tôt, bientôt, sitôt, plûtot, aussitôt, se prononceraient sans accent. *Tot, bientot, sitot*, comme *falot, tripot.*

Quand *notre* et *votre* sont précédés d'un article, ils prennent l'accent circonflexe. *Le nôtre, le vôtre, du nôtre, au vôtre, les vôtres, des nôtres, aux vôtres.*

On met encore l'accent circonflexe dans quelques mots comme signe distinctif, et dans d'autres l'accent grave.

le *jeûne* est ordonné	(avec l'accent grave)
le *jeune* enfant	LA pomme est *là*
un *mât* de vaisseau	*où* allez-vous, *où* est-il
un cachet d'or *mat*	tout *ou*, rien, *ou* bien.
j'ai *dû* et ne dois rien	voilà *des* cerises, *des* poires
j'ai *du* pain et *du* vin	*dès* qu'on le vit paraître

La terminaison *âtre* prend l'accent circonflexe à cause du *s* qu'on entend dans tirer à S or (ad se trahere) *jaunâtre, verdâtre, noirâtre, albâtre* présentent l'idée d'un objet qui attire à soi le jaune, le verd, le noir, le blanc —*folâtre* qui porte avec soi la folie, *saumâtre* qui a le goût du sel, *idolâtre, opiniâtre, acariâtre*; qui tient à ses idées, à son opinion, à son humeur acre.

Exceptez-en *théâtre*, l'*âtre* du feu, et *marâtre* mère cruelle, qui n'ont pas cette signification. Remarquez le mot *même*.

(17) É AIGU, È GRAVE.

RÈGLE. È avant-dernière syllabe d'un mot qui finit par E ES ENT prend l'accent grave, si l'on entend E ou È à la même place, dans un mot de la même famille.

adult è re	adul é rin	en arri è re	arri é ré
art è re	art é riel	il conf è re	conf é rer
aust è re	aust é rité	il diff è re	diff é rer
caract è re	caract é riser	dégén è re	dégén é ré
un caut è re	caut é riser	consid è re	consid é ré
chim è re	chim é rique	désesp è re	désesp é ré
le clyst è re	clyst é riser	on mod è re	mod é ré
la colère	col é rique	on op è re	op é rer
ma commère	comm é rage	tu préf è res	préf é rer
le comp è re	comp é rage	il rév è re	rév é rer
lég è re	lég é reté	mini t è re	minist é riel
la c è ne	c é nacle	l'éb è ne	éb é niste
obsc è ne	obsc é nité	la fi è vre	fi é vreux

un siècle	séculier	un rêve	rêver
blasphème	blasphémer	la lèpre	un lépreux
un mètre	métrique	la règle	régler
une vipère	vipéreau	la lèvre	lévreux
un poème	poétique	extrême (a)	extrémité
le système	systématique	suprême	suprématie
une pièce	appiécer	une espèce	spécial
je mène	mener	sévère	sévérité
tu mènes	nous menons	j'appèle	appeler
il mène	vous menez	tu appèles	appelant
ils mènent	menant	il appèle	appelons
je règne	régner	ils appèlent	appelez
tu règnes	régnant	j'épèle	épeler
il règne	régnons	il épèle	épelons
régnè-je	je règne	donnè-je	je donne
aimè-je	j'aime	opérè-je	j'opère
parlè-je	je parle	pensè-je	je pense
menè-je	je mène	béguè-je	je bégue
chantè-je	je chante	rêvè-je	je rêve
criè-je	je crie	eussè-je	que j'eusse
marchè-je	je marche	fussè-je	que je fusse
restè-je	je reste	dussè-je	que je dusse
priè-je	je prie	puissè-je	que je puisse

(18) LE SON É-ÉCRIT PAR AI

RÈGLE. On écrit é par ai quand on entend un a à la même place dans un mot de la même famille.

soustraction	soustraire	le fardeau	le faix
l'attraction	les attraits	brailler	braire
distraction	distraire	gras	engrais
brasier	la braise	la glace	terre glaise

(a) On voit par analogie qu'il est abusif de mettre l'accent circonflexe dans *blasphème*, *emblème*, et autres, puisqu'il n'y a pas de s dans d'autres mots de la même famille. Cependant, je déclare que je ne prétends rien innover, je présente seulement les réflexions que j'ai faites en travaillant.

On voit aussi qu'il faut l'accent grave dans *régnè-je*, *aimè-je*, selon la règle, au lieu de régné-je, aimé-je, qu'on a pu confondre avec le passé défini *régnai-je*, *aimai-je*.

opaque	épais	tracer	le trait
raturer	une raie	haïr	la haine
lâche	laisser	retracer	le portrait
il sua	le suaire	la vulgate	vulgaire
contrarier	contraire	acre	aigre
pareil	une paire	funérailles	funéraire
façon	faire	factice	affaire
arêue	aire, grange	cadenas	chaîne
cathédrale	la chaire	rosacée	rosaire
charnel	la chair	salarier	salaire
verace	vrai	vase	vaisseau
pacifier	la paix	la pâture	le repaire
orale	oraison	plagiat	plagiaire
portugal	portugais	extraction	extraire
une case	une caisse	natal	naître
clarté	clair	aérer	air (vent)
le fardeau	affaisser	ariette	air
ladre	laid laide	cognat	connaître
magistrat	maire	voie lactée	le lait
la parade	paraître	acide acerbe	aigu
il lapida	lapidaire	palatale	le palais
adjudant	aide, aider	on doua	douairiaire
aquilin	aigle	acerbe	aigreur
le magister	le maître	lunatique	lunaire
	que j'aie	faisant	je faisais
avoir	que tu aies	disant	je disais
	qu'ils aient	prenant	il prenait
tu juras	il jurait	parlant	il parlait
tu mourras	tu mourrais	mourant	il mourait
tu pourras	tu pourrais	pouvant	il pouvait
tu sauras	tu saurais	savant	je savais

REMARQUES Les imparfaits et les conditionnels s'écrivent par AI: les uns, parcequ'ils se forment du participe du présent qui s'écrit par A, et les autres, parcequ'ils se forment du futur de l'indicatif à la seconde personne, dans laquelle on entend A.

Ecrivez *père*, *mère*, *frère*, malgré *paternel*, *maternel*, *fraternel*.

(19) AIRE FINAL ÉCRIT PAR AI.

RÈGLE. On écrit è par AI quand *aire* est postsyllabe,
c'est-à-dire quand il est ajouté à un mot.

fonction	fonctionnaire	pension	pensionn aire
la lune	lun aire	la veste	vesti aire
adverse	advers aire	aliment	aliment aire
angle	angul aire	dépôt	déposit aire
peuple	popul aire	île	insul aire
imagine	imagin aire	bon	débonn aire
douer	dou aire	épître	espistol aire
honorer	honor aire	mâcher	maxill aire
livre	libr aire	lettre	littér aire
location	locat aire	inventorier	invent aire
j'illumine	lumin aire	nécessité	néces aire
ordre	ordin aire	ovale	ov aire
témérité	témér aire	vice-curé	vic aire
assimiler	simil aire	bénéfice	bénéfici aire
arbitre	arbitr aire	célibat	célibat aire
consul	consul aire	faux	fauss aire
seul	solit aire	soleil	sol aire
premier	prim aire	bref	brévi aire
titre	titul aire	léguer	legat aire
sanctus	sanctu aire	ligne	liné aire
héritier	hérédit aire	milice	milit aire
semence	sémin aire	propriété	propriét aire

REMARQUE. Outre la raison d'observation que donne
cette règle, on trouve, pour beaucoup de ces mots, la
raison de famille, comme

lun aire	lun atique	arbitr aire	arbitr age
prim aire	prim atie	sémin aire	sémin ariste

Ce qui rentre dans l'exercice précédent.

(20) LE SON È PAR AI.

RÈGLE. On écrit le son è par A avant Y consonne; par

ai avant le son *z* écrit par *s*, et dans les mots de ces mêmes familles.

avant y consonne		avant z écrit par s	
bala yer	le bal ai	une fraise	plaisant
dép a yser	le p a ys	un fraisier	qu'il plaise
a yant	qu'il ait	assai sonner	écossaise
ess a yer	il essaie	blaise	polonaise
monn a yer	la monnaie	une chaise	terie glaise
ég a yer	il s'égaie	la falaise	le mal-aise
enr a yer	une raie	bien-aise	la fournaise
fr a yer	le frai	un baiser	la mortaise
p a yer	il paie	il appaise	la niaise
p a ysage	paysan	il braise	la saisie
a yons	que tu aies	aisément	taisez-vous
débl a yer	le déblai	saisissement	la braise
r a yer	des raies	niaise	fadaise
br a yer	une braie	une punaise	le plaisir
cr a yonner	la craie	mall aisant	déniaiser
mét a yer	métairie	bienf aisant	deplaisir
é. a yer	un étai	complaisant	se taisant
cl a yer	une claie	une cimaisé	mortaiser
dél a yer	il délaie		
fr a yer	le frai		
p a yse	paysage		

Exceptez les mots techniques *thèse*, *synthèse*, *dièse*, *trapèze*, *diocèse*, *genèse*, plus *treize et seize*.

excepté	à cause de
langu e yer	langu e
bégu e yer	bègue
planch e yer	planche
ass e yant	que tu t'asséies
bégu e yant	qu'elle béguéie

En liant les mots *mais*, *jamais*, *frais*, un *dais*, à un autre mot, on entend le z.

m ai s il est paresseux, jam ai s elle ne rit, un fr ai s agréable, un d ai s élevé.

REMARQUE. Il y a, pour plusieurs de ces mots, la raison de famille.

br ai se	br a sier	pl ai sant	pl a cet
t ai sez-vous	t a cite	app ai se	p a cifier, etc.

Il suit de cette règle qu'il faut écrire *ni ai s, polon ai s, français, écossais* avec AI. Le maître peut faire un exercice pour ces mots-là.

RÈGLE. On écrit encore È par EI, ayant an, voyez l'exercice. (38)

(21) LE SON É PAR AI.

On écrit É par AI quand on entend un A dans un m de la même famille, et à la même place.

savoir	je sais	tu chantas	je chantai
tu vas	je vais	il parlera	je parlerai
tu as	j'ai	tu diras	je dirai
tu mourras	je mourrai	il écrira	j'écrirai
il fera	je ferai	tu pesas	je pesai
tu mangeas	je mangeai	bas	baisser
fascine	faisceau	alerte	ailé
le fardeau	affaisser	y ase	vaisselle
adjudant	aider	acide, acut	aigu
agace	aigrette	acier	aiguille
ame	aimer	case	encaisser
avant-né	ainé	clarté	éclairer
araneeux	araignée	fraternité	confrairie
axillaire	aisselle	amour	aimable
vase	vaisseau	acutacre	aiguiser
aquilin	aiglon	acerbe	aigreur
agace	un geai	aranée	airain
aquatique	aiguière	aquatique	arguade

Je rappèle que l'instituteur doit faire sentir les rapports qui existent entre les mots correspondants.

(22) LE SON É PAR ER.

RÈGLE. On écrit le son E par ER après les sons I, J, CH, ILL.

le danger	le joaillier	le verger	viager
le plancher	l'oreiller	le canonnier	le sabotier
le genouiller	le rocher	le banquier	l'amandier
le clocher	le poulailler	le balancier	le cerisier
le cahier	le pailler	le barbier	le citronier
l'archer	l'acier	le batelier	le cormier
le bûcher	l'aisselier	le beurrier	le prunier

le coucher	le toucher	le bonnetier	le figuier
le gâcher	l'allier	le cantinier	l'oranger
l'aventurier	léger	le cordonnier	le groseiller
le bocager	le bélier	le coutelier	le maronnier
le ménager	le manger	le cuisinier	le mûrier
le péager	le bouvier	le boucher	le noyer (a)

REMARQUES. Après les mots DE, A, SANS, POUR, on met le verbe au présent de l'infinitif, c'est-à-dire qu'on écrit ER.

Quand il y a deux verbes de suite, le second est au présent de l'infinitif et s'écrit par ER, pourvu que le premier ne soit pas l'un des verbes *avoir* ou *être*, car le second serait alors au participe du passé.

EXCEPTION. Il faut excepter les mots compris dans la phrase mémorative suivante.

Dans ce *duché*, quand tu seras plus *âgé*, nous ferons le *marché* d'avoir ton *congé*; et si tu as fait quelques *péchés*, tu iras à l'*évêché* supplier le *clergé* de te remettre tes *péchés*.

Je ne mets pas ici des participes du passé devenus noms. Tels que le *mouillé*, le *préjugé*, le *broché*, le *brouillé*, le *fiancé*, le *passé*, etc. L'instituteur les distinguera quand ils se présenteront.

(23) CONSÉQUENCE DE L'EXERCICE PRÉCÉDENT.

Il résulte de l'exercice précédent que les adjectifs et les noms de métier s'agrandissent de E, ce qui forme la terminaison ÈRE qui prend l'accent grave sur le E de l'avant-dernière syllabe, selon le vœu de la règle (17) :

grossier	grossière	boucher	bouchère
meurtrier	meurtrière	batelier	batelière
singulier	singulière	voiturier	voiturière
séculier	séculière	fripier	fripière
altier	altière	armurier	armurière
aventurier	aventurière	bourrier	bourrière
carnassier	carnassière	cabaretier	cabaretière
cavalier	cavalière	courier	courière
héritier	héritière	épicier	épicière
entier	entière	journalier	journalière

(a) L'Instituteur agrandira cet exercice de tous les noms de métiers et d'arbres.

premier	première	meunier	meunière
dernier	dernière	roturier	roturière

Phrase mémorative sur la terminaison ERRE.

RÈGLE. On écrit la terminaison ERRE avec deux rr dans les mots de la phrase suivante et dans les mots de la même famille.

Tandis que j'*erre* çà et là, qu'on *serre* mon cheval et qu'on le *ferre*, le *tonnerre* tombe à *terre*, sèche mon *lierre*, brise mon *verre*, consume mon *équerre* et tue le pauvre *Pierre* qui revenait de la *guerre*.

MOTS DE LA MÊME FAMILLE.

serrer	ferrer	terrier	terreur
serrement	ferrement	atterrer	terrible
serrure	ferraille	enterrer	terrein et
serrurier	ferrette	terrasser	terrain
les erres	verrier	équerre	pierre
errer	verrerie	équarrir	pierreux
erreur		équarrissage	pierreries
erremens	guerrier	carrément	pierrailles
erroné	guerroyer	carreau	pierrier
errata	guerroyeur	carré	pierrette

(24) NOMS TERMINÉS PAR TÉ ET PAR EUR.

RÈGLE. Les noms terminés par TÉ et par EUR ne prennent pas la lettre E pour marque du féminin.

la chasteté	la siccité	la stupeur	la rondeur
la cruauté	la bonté	l'aigreur	l'ampleur
la déité	la divinité	la chaleur	la clameur
la vérité	la postérité	la douleur	l'épaisseur
la naïveté	la simplicité	l'erreur	la faveur
la netteté	la royauté	la fleur	la ferveur
la sagacité	la qualité	la frayeur	la fureur
la quantité	la sobriété	la froideur	la grosseur
la solidité	la pureté	l'horreur	l'humeur
la stupidité	la pluralité	la laideur	la langueur
l'oisiveté	l'anxiété	la largeur	la lueur

l'égalité	la mendicité	la maigreur	la moiteur
la fatalité	l'humanité	la noirceur	l'odeur

Exceptez les mots qui indiquent une capacité, une contenance.

une hottée	une charretée	la pâleur	la pesanteur
une pelletée	une nuitée	la peur	la puanteur
une pottée	une jattée	la pudeur	la rigueur
une brouettée	une chattée	la roideur	la sueur

Remarquez les noms masculins le *lycée l'hyménée*, le *protée*, le *caducée*, le *prytanée*, l'*empirée*, l'*élisée*, le *trophée*, le *mausolée*, un *athée*, le *thé*.

la teneur — la tiédeur

la tumeur — la valeur

la terreur — la vapeur

la vigueur — la splendeur

De tous les mots terminés en EUR, *heure, demeure* et les masculins *le leurre*, le *beurre*, sont les seuls qu'on écrive avec E.

Quatre mots s'écrivent par z : *chez, nez, assez,* et *rez*-de-chaussée; *amitié, pitié, moitié* ne prennent pas le E, signe du féminin.

(25) LE SON I.

RÈGLE. On ajoute au son final la lettre qu'on entend en agrandissant le mot. (a)

promis	promise	instruit	instruite
pris	prise	écrit	écrite
soumis	soumise	pouri	pourie
assis	assise	ami	amie
compris	comprise	subit	subite
indécis	indécise	subi	subie
contrit	contrite	conduit	conduite
dit	dite	grandi	grandie
fini	finie	maudit	maudite
puni	punie	dédit	dédite
prédit	prédite	uni	unie
béni et	bénie	sali	salie
bénit	bénite	esprit	spirituel

- (a) Il faut considérer les lettres finales comme autant de pierres d'attente qui doivent recevoir un augment de construction, c'est-à-dire des dérivés.

un lit	aliter	profit	profiter
un nid	nidoreux	marquis	marquise
le récit	réciter	conscrit	inscrite
louis	louise	un édit	éditeur
pays	paysan	fruit	fruitier
crédit	créditer	bruit	ébruiter
débit	débiter	un pli	plier
débris	briser	des plis	plisser
jésus-christ	christianisme	mari	se marier
babil	babiller	le surplis	plisser
fusil	fusiller	circoncis	circoncision
outil	outiller	crucifix	fixer sur la
sourcil	sourciller		croix
hormis	mise hors	paradis	paradiser
une vis	visser	un fils	fils ainé (en
demi	demie		liant)
midi	méridien	un fils	filial
lundi mardi jeudi etc. }	diurne	six	sixte
		dix	dixième
tamis	tamiser	mi parmi	par milieu
acquis	acquise	prix	précieux
petit	petite	profix	fixer

(26) SUITE DU SON ı.

RÈGLE. On écrit ıs à la fin d'un mot qu'on ne peut agrandir, quand on peut mettre un présent de l'infinitif à la place.

le croquis	croquer	le coulis	couler
le glacis	glacer	un chassis	enchasser
le semis	semer	le reversis	reverser
le coloris	colorer	un gâchis	gâcher
pont-levis	lever	le lavis	laver
un hachis	hacher	troussis	trousser
le logis	loger	pilotis	piloter
le froncis	froncer	le parlis	parler
plaquis	plaquer	mâchis	mâcher
retroussis	retrousser	torchis	torcher
un poncis	poncer	le roulis	rouler

le guillochis	guillocher	le chamaillis	chamailler
le taillis	tailler	un ramassis	ramasser
un abattis	abattre	un appentis	pendre

Les mots qui n'ont pas de dérivés, s'écrivent par is, même *souris*. *Fourmi*, n'a pas de *l* malgré *fourmillère*.

Les verbes ayant leur orthographe, on n'oubliera pas l'accent circonflexe dans les passés du conjonctif, je voudrais qu'il *fît*, qu'il *vît*, qu'il *écrivît*, qu'il *dît*, qu'il *vainquît*:

(27) LE SON o.

RÈGLE. On ajoute au son final la lettre qu'on entend en agrandissant le mot, ou en le liant à un autre.

un broc	un broquet	le galop	galoper
un bloc	bloquer	trop heureux (en liant)	
le choc	choquer	pied-bot	la botte
un croc	un crochet	le trot	trotter
un escroc	escroquerie	le prévot	prévotal
un roc	un rocher	un mot	motiver
le troc	troquer	un rôt	rotir
un lot	lotir	d'estoc	estocade
le dos	le dossier	les goths	gothique
le propos	proposer	un roc	rocailleux
dispos	disposer	dévot	dévote (a)

(28) LE SON o PAR au ET PAR eau.

RÈGLE. On écrit le son o par au quand on entend un A dans un mot de la famille, à la même place; et par eau quand on entend un E: AU se change en AL, EAU se change en EL.

par au.		par eau	
les canaux	le canal	tonneau	tonnelier
les maux	le mal	bandeau	la bande

(a) Revoyez l'exercice is, it, ot, et, as, os, ès, finals, on en sortira les mots qui peuvent prendre une postsyllabe, afin d'agrandir celui-ci.

les bestiaux	le bétail	manteau	la mante
il vaut	valoir	le niveau	niveler
il faut	falloir	eau	niveler
une faute	faillir	le marteau	marteler
un saut	tressaillir	le couteau	coutelier
chaud	chaleur	nouveau	nouvelle
autel	altier	oiseau	oiseleur
chaume	chalumeau	chalumeau	calumet
paume	palme (de la	beaucoup	belle copie
sauce	main)		copieusement
saumure	} saler	beau	belle
saumâtre		copeaux	coupe
étau	étaler	museau	museler
exaucer	exalter	le rouleau	rouler
échafaud	catafalque	jumeau	jumelle
gaufre	galfard	fourneau	fournée
héraut	héraldique	rideau	rider
mauve	malvacée	vaisseau	vaisselle
chauve	calvitie	un ruisseau	ruisseler
autre altérer alterner		un bateau	batelier
naufrage	}	un boisseau	le boisselier
nautonnier	}	le coteau	une côte
nautile	} navire	un veau	une velle
naulis	} naviguer	le caveau	la cave
naulage	}	le soliveau	la solive
maussade	malicieux	le tombeau	la tombe
mauvais	malversation	le bourreau	bourreller
psaume	psalmodier	le claveau	la clavelée
la chaux	calcaire	château	châtelain
minauder	mignarder	le barreau	la barre
faux	falsifier	le chevreau	la chèvre
cautère	chaleur	le bureau	bure (étoffe
paupière	palpiter		dont on a d'abord cou-
se sauver	le salut		vert une table.)

Remarquez cruel avec *e*, et cruauté sans *e*.

(29) LE SON *O* PAR *AU*, POUR DIVERSES RAISONS.

RÈGLE. On écrit le son o par AU avant V, excepté *alcove*; après une voyelle; quand le son est long, et l'on ajoute à la fin du mot, la consonne voulue par un dérivé.

se sauver	mauvas	applaudir	augure
mauve	pauvre	auditeur	auberge
guimauve	fauve	aubaine	auge
fabliau	boyau	austère	aurore
le préau	un noyau	cautère	auréole
un fléau	un hoyau	baud (chien)	nigaud
les gruaux	un aloyau	clabauder	nigaude
miauler	cruauté	crapaud	badaud
piauler	les joyaux	crapaudine	baudaude
gluau	chauve	grimaud	échafaud
le tuyau	assauter	grimaude	échafaudage
marauder	chaude	réchaud	défaut
haute	nigaude	chaude	fautif

(30) LES SONS FINALS U OU EU OI.

RÈGLE. On ajoute au son final la lettre qu'on entend en agrandissant le mot. (a)

abus	abuser	dessus	en sus de
infus	infuse	un salut	salutation
diffus	diffuse	le bout	bouture
plus	plusieurs	le bois	boiser
fourchu	fourchue	la toux	tousser
le but	buter	doux, douce	édulcorer
début	débuter	la voix	vocal
sous dessous	soustraire	la voie	envoyer
le toit	la toiture	camus	camuse
le choix	choisir	le refus	refuser
la loi	loyal	promu	promue
le roi	royal	dû, tû	dûe tûe
le convoi	convoyer	le pouls	pulsation
menu	menue	la poix	poisser
inclus	incluse	le pois	pesette
le goût	goûter	un poids	peser et pré-
un égout	égoutter		pondérance
un fut	une futaille	le houx	la houssine

(a) La *vertu*, la *tribu*, la *bru*, la *glu*, sont les seuls noms féminins terminés en U qui ne prennent pas E à la fin, et en I, c'est le mot *fourmi*. (26)

un doigt	digital	le noeud	nodus (tumeur)
un endroit	en droiture	le pus	la pustule
une noix	la noisette	debout	débouter
le patois	patoiser	le taux	taxer
une fois	à foison	la rue	la ruelle
un mois	mesure	boiteux	boiteuse
le joug	subjuguer	noueux	noueuse
heureux	heureuse	affreux	affreuse
gueux (a)	gueuse	creux	creuse
fameux	fameuse	huileux	huileuse
fâcheux	fâcheuse	peureux	peureuse
bourbeux	bourbeuse	ruineux	ruineuse
crasseux	crasseuse	soigneux	soigneuse
paresseux	paresseuse		
ennuyeux	ennuyeuse		

PHRASE MÉMORATIVE. — *Le son* EU *par* OEU.

La phrase suivante contient touts les mots qui s'écrivent par OEU, OE.

Ma *sœur*, si vous voulez faire une bonne *œuvre*, vivre selon les *mœurs* du temps et n'avoir plus mal à l'*œil*, faites *vœu* de donner touts les ans à la sainte vièrge qui est au *chœur* un *œuf* ou un *bœuf*, ou bien un *cœur* d'argent décoré d'un *nœud* de ruban.

RAISONS DE FAMILLE.

soeur	sororial	boeuf	bouvier
oeuvre	opérer	oeuf	ovale
moeurs	morale	voeu	voter
choeur	choriste	noeud	nouer
coeur	cordial	oeil	oculaire

(31) LE SON AN INITIAL

RÈGLE. On écrit AN par EN quand il est présyllabe.

chaîne	en chaîner	crasse	en crasser
fuir	s'en fuir	baume	em baumer

(a) On sait que le x remplace es ou cs. Il suffit que l'une de ces deux lettres se présentent pour qu'on ait donné la raison suffisante de l'orthographe du mot correspondant.

tour	en tourer	courage	en courager
gendre	en gendrer	geler	en gelure
barre	em barrasser	bon point	em bonpoint
bras	em brasser	paume	em paumer
poix	em peser	conclave	en clave
jeu	en jeu	nui (de nuire)	en nui
assembler	en semble	développer	en velopper
torse	en torse	une balle	em baller
poison	em poisonner	fumer	en fumer
fil	en filer	lever	en lever
noble	en noblir	orgueil	en orgueillir
dégourdir	en gourdir	pile	em piler
semence	en semencer	rôle	en rôler
gerbe	en gerber	hardi	en hardir
la boue	em bouer	débaucher	em baucher
brasier	em braser	bûche	em bûche
plastron	em plâtre	deployer	em ployer
prêter	em prunter	graisse	en graisser
lumière	en luminer	sigue (lettre)	en seigner
tendre (verbe)	en tendre	la voie	en voyer
tonneau	en tonnoir	fouir	en fouir
ton	en tonner	vol	s'en voler

(32) LE SON AN MÉDIAL.

RÈGLE. AN avant-dernière syllabe d'un participe du présent s'écrit par EN.

rendant	sentant	vendant	pensant
consentant	tendant	entendant	éventant
dépendant	argentant	mentant	mendiant
entrant	contentant	inventant	orientant
s'amendant	édentant (a)	agençant	arpentant
patentant	prétendant	cependant	cimentant
intendant	charpentant	absentant	tremblant
rentrant	tourmentant	descendant	détendant
patientant	régentant	fréquentant	présentant

(a) Les mots qui se trouvent faits dans les participes présent, tels que *dent*, *argent*, *content*, *arpent*, etc. s'écrivent avec un E et font partie de la règle suivante.

Exceptez les participes suivants qui sont déjà formés de mots écrits par A.

sanglant	ensanglantant	chaland	achalandant
avant	avançant	diamant	diamantant
une plante	plantant	brillant	brillantant
aimant	aimantant	plaisant	plaisantant
nuant	nuançant	enfant	enfantant
le chant	chantant	pouvant	épouvantant
ép a rpiller	épanchant	se fiant	se fiançant
éparpiller	répandant	la panse	pansant
étang	étanchant	gourmand	gourmandant

Remarquez surtout les verbes en *mander*, les suivants, et qu'on écrit AN par A après *bl br, cl cr, fl fr, gl gr, pl tr, vr* et *st* sauf le mot *existence*.

commander	commandant	ramper	rampant
danser	dansant	débander	débandant
tancer	tançant	étrangler	étranglant
étancher	étanchant	étançon	étançonnant
balancer	balançant	élancer	élançant
financer	finançant	hanter	hantant
branche	embranchant	trancher	tranchant
blanc	franc	flandres	glande
brandir	ébranlant	élan	élançant
constant	stance	éclancher	éclanchant
clandestin	écran	grandir	planche
transmettre	avranche	substance	prestance
constance	éflanquant	tranquille	instant

(33) LE SON AN FINAL.

RÈGLE. AN final s'écrit par ENT, si le mot ne provient pas d'un participe du présent, ou s'il ne fait déjà partie de l'exercice précédent.

un imprudent il est lent	c'est évident à son escient
longuement l'onguent	l'orient l'occident
un absent indécent	patient sentiment

le vent	un cent	la dent	décemment
un auvent	pénitent	succulent	indulgent
l'évent	l'accent	un sergent	équivalent
paravent	éloquent	comment	amèrement
fièrement	sciemment	un trident	le confluent
le moment	le châtiment	ingrédient	éminent
un torrent	présent	document	le couvent
fervent	l'avent	impotent	récent
un parent	apparent	inhérent	virulent
récipient	indigent	urgent	accident
constamment	sainement	dignement	inconvénient

Nª. Aucun de ces mots ne peut être participe présent, parcequ'on n'a pas les verbes *impuder, ler, longuemer, onguer,* etc.

REMARQUE. Les mots suivants s'écrivent par A quand ils sont verbes, et par E quand ils sont adjectifs.

en différant	différent......e	en présidant	président......e
en précédant	précédent...e	en adhérant	adhérent......e
en négligeant	négligent......e	équivaloir	équivalent...e
en résidant	résident......e	en excellant	excellent......e
en affluant	affluent......e	en évidant	évident........e
en violant	violent........e	en révérant	un révérend e

Écrivez avec un D *un différend, un révérend, un mur de refend;* et remarquez *le cens, les gens, le hareng, le temps, le pédant, le vétéran, le tisseran, vigilant, l'empan, une amande* à manger, *céans, tant, autant, pourtant, quand* il viendra et *quant* à lui, *l'affluent* et le *confluent; un méchant, le chaland.*

(34) LE SON AN ÉCRIT PAR E.

RÈGLE. On écrit AN par E quand on entend E, I ou IN dans un mot de la même famille, et à la même place.

la venue	l'avent	vindicatif	venger
intérieur	entre	vénal	vendre

intérieur	entrer	inquisition	enquête
pris prenant	prendre	impératrice	empereur
intérieur	enter	importation	emporter
incendier	encenser	infanticide	enfant
cinéraire	cendre	impression	empreinte
vigne	vendange	inclination	enclin
similitude	sembler	simulacre	ressemblance
fac simile	exemple	une fissure	une fente
assimiler	assembler	inflammation	enflammer
écrire	encre	influer	enfler
inversion	à l'envers	trimestre	trente
inverse (ser	renverser	ténuité	tendre
se trémous-	trembler	les insignes	les emblêmes
ingénieur	engin	intestins	entrailles
rédition	rendre	ingrédient	entrer
quintal	cent	intègre	entier
non intact	entamé	inférieur	en fer

(35) LES TERMINAISONS ANCE ET AMMENT.

RÈGLE. On écrit par **A** les mots qui dérivent d'un autre déjà écrit par **A**, et l'on écrit par **E** ceux qui dérivent d'un autre déjà écrit par **E**.

abondant	e	abondance	abondamment
indépendant	e	indépendance	indépendamment
un arrogant	e	arrogance	arrogamment
constant	e	constance	constamment
extravagant	e	extravagance	extravagamment
élégant	e	élégance	élégamment
méchant	e	méchanceté	méchamment
nonchalant	e	nonchalance	nonchalamment
ignorant	e	ignorance	ignoramment
complaisant	e	complaisance	complaisamment
puissant	e	puissance	puissamment
suffisant	e	suffisance	suffisamment
instant	e	instance	instamment
savant	e		savamment
scient escient		science	sciemment
obligeant	e	obligeance	obligeamment
différent	e	différence	différemment
tempérant	e	tempérance	tempéramment

intempérant	e intempérance	le tempérament
bienséant	e bienséance	bienséamment
décent	e décence	décemment
apparent	e apparence	apparemment
confident	e confidence	confidemment
conséquent	e conséquence	conséquemment
diligent	e diligence	diligemment
indolent	e indolence	indolemment
indulgent	e indulgence	indulgemment
innocent	e innocence	innocemment
insolent	e insolence	insolemment
concurrent	e concurrence	concurremment
prudent	e prudence	prudemment

Nᵃ. Si l'on double le M dans tous ces adverbes, c'e
qu'on double la consonne après les sons *at, ot, et.* (Exe
cice 11 et suivants.)

(36) LE SON IN.

Règle. On écrit le son *in* par I, par EI ou par AI
selon celle de ces lettres qu'on entend dans un mot d
la même famille.

la vigne	le vin	alcaline	alcalin
la chienne	le chien	hebdomadaire	demain
la famine	la faim	payenne	payen
le bagne	le bain	salutaire	sain
badiner	badin	indienne	indien
butiner	butin	volcanique	vulcain
panade	pain	sapinière	sapin
chagriner	chagrin	humanité	humain
urbanité	urbain	nabot	nain
soutienne	soutien	aérienne	aérien
enlevant	le levain	granivore	le grain
dessiner	le dessin	manier	la main
la mienne	le mien	la sienne	le sien
finir	la fin	moyennant	le moyen
argentine	argentin	gagner	le gain
italienne	italien	sanctifier	saint e
plénitude	plein	lanifère	la laine
applanir	plain (plat)	bassiner	le bassin

ancienne	ancien	village	villain
vanité	vain	chrétienne	chrétien
vigésimal	vingt	rameau	des rains
crinière	le crin	roignon et	} les reins
divine	divin	régnon	
éfréné	le frein	signer	le seing

Remarque. On écrit IN après I — *rien, bien, un bien, citoyen, il tient, il vient, biscayen, nœud gordien, lucien, vaurien.*

Écrivez *refrain, dédain,* et *train* par AI.

(37) LES FINALES AIN, AINE.

RÈGLE. On écrit IN par AIN, quand on entend la terminaison AINE en agrandissant le mot.

EXPLICATION. Pourvu que ce ne soit pas après I, car on tomberait dans la règle précédente, où l'on voit *sien sienne, ancien ancienne.*

certain	certaine	prochain	prochaine
villain	villaine	vain	vaine
le train	il traine	africain	africaine
le grain	la graine	humain	humaine
lointain	lointaine	soudain	soudaine
riverain	riveraine	souterrain	souterraine
souverain	souveraine	urbain	urbaine
parrain	marraine	un dizain	une dizaine (a)
nain	naine	suzerain	suzeraine
demain	semaine	quatrain	douzaine

Écrivez *sereine, reine, pleine, peine,* à cause de l'E qu'on entend dans *sérénité, régner, plénitude, pénible.*

Nous rappelons que si deux règles semblent se contredire, il faut toujours se guider sur la raison de famille.

Cette raison de famille se prend généralement dans le féminin ou dans le participe présent, selon le cas.

(a) On peut écrire également *dixain, dixaine,* et *suserain suseraine.* Ce qui est d'accord avec nos règles.

(38) LE SON IN AVANT DRE.

RÈGLE. On écrit le son IN par EI avant DRE, s'il y a GN dans le participe du présent; ou bien l'on écrit le son È par EI avant GN, et dans les mots de la famille, s'il y a DRE au présent de l'infinitif.

peignant	qu'il se peigne	se peigner	un peigne
atteignant	qu'on atteigne	atteindre	atteinte
ceignant	qu'on se ceigne	ceindre	ceinture
éteignant	qu'il éteigne	éteindre	éteignoir
feignant	qu'il feigne	feindre	la feinte
enfreignant	enfreigne	enfreindre	le frein
étreignant	étreigne	étreindre	étreinte
teignant	qu'on teigne	teindre	le teint
peignant	qu'on peigne	peindre	peinte
aveignant	aveigne	aveindre	
enseignant	il enseigne	enseigner	une enseigne
astreignant	il astreigne	astreindre	
restreignant	on restreigne	restreindre	
épreignant	épreigne	épreindre	les épreintes
chanfreignant	— freigne	— freindre	chanfrein
déteignant	déteigne	déteindre	une teinte
remarquez	imprégne	imprégner	empreinte
empeigne	la teigne	beignet	seigneur
chataigne	chat a igner	*à cause de*	castagnettes
saigner	s a ng	baigner	bague

EXCEPTION. PHRASE MÉMORATIVE.

Quand on *daigne régner*, il faut savoir *vaincre*, ne jamais *craindre*, encore moins se *plaindre*, et toujours se *contraindre*.

Touts ces mots s'écrivent par A excepté *régner*.

AUTRE PHRASE MÉMORATIVE.

Écrivez par EI les mots compris dans la phrase suivante, et ceux de la même famille; cela complette touts les mots écrits par EI.

Pour guérir le mal que vous avez au *sein*, cueillez sous la *neige treize* ou *seize* feuilles de *verveine*; appliquez-les sur la *veine*, et je vous donne mon *seing* que vous guérirez, selon mon *dessein*. (a)

(39) LE SON s ÉCRIT PAR c.

RÈGLE. On écrit c au lieu de deux ss quand on entend l'un des sons *je, che, gue, que,* ou *te* dans un mot de la même famille et à la même place.

suspecter	soupçon	un plateau	une place
facture	façon	la figure	la face
arc	arçon	traquer	la trace
arquer	caparaçon	imminente	menacer
la vérité	véracité	bonté	bonace
compacte	compacité	dédicatoire	dédicace
étroite	étrécir	difficulté	facile
falsification	fallacieux	lecture	leçon
maigre	macérer	nuptial	la noce
pharmacopée	pharmacie	arracher	racine
sacré	sacerdotal	vocal	vociférer
sacerdotal	sacerdoce	forte	force
frontal	froncer	monticule	monceau
musique	musicien	vaincre	invincible
logique	logicien	indiquer	indice
capuchon	capucin	bisontin	besançon
vache	vaccine	vermiculaire	vermiceau
décorum	décent	doctrine	docile
gauache	grimace	sortir	source
escargot	limace	fécales	féces (marc)
éviter	vice	délicat	délicieux
pertuis	percer	enclos	enceinte
dureté	durcir	édulcorer	douce
gratifier	grace	clarté	éclaircir
divertir	divorce	calcaire	calciner

REMARQUE. Il y a beaucoup de mots écrits par c; mais touts rentrent dans la règle générale : écrivez c après touts les sons longs, L et R. (13)

___

(a) Ces phrases sont ridicules, je le sais, mais elles sont utiles.

EXCEPTION A LA RÈGLE PRÉCÉDENTE.

On écrit s, même après les sons longs, quand on entend un D à la même place dans un mot de la même famille.

répondre	réponse	répandre	éparse
se dandiner	danser	épandre (be	expansion
étendre	extension	tendre (ver-	tension
fendre	fissure	appréhender	appréhension
défendre {	défense	succéder	succession
	offense	procéder	procession
excéder	excessif	mordre	morsure
tordre	torse	décider	décisif
tendu	intense	stipendiaire	dépenser

(40) C INITIAL. SUITE DE L'EXERCICE PRÉCÉDENT. (a)

cave	cellier	case	cellule
charbon	cendre	banquet	cène
concombre	citrouille	chambre	cénacle
cru	censé	capitulation	cens
critique (gne	censure	cacher	céler
chef (de vi-	cep	chaste	célibataire
compliment	cérémonies	quintal	cent
chevreuil	cerf	chèrefeuille	cerfeuil
croire	certain	griotte	cerise
accéder	céder	chaux de plomb	céruse
crâne	cerveau	calice	ciboire
accéder	cession	concave	ciel
coupure	césure	cheveu	cil
chanteuse	cigale	cligner	ciller
chaux	ciment	quintuple	cinq
couche	cimetière	comble	cime
chair cueil	cercueil	coutelas	cimeterre
considérable	célèbre	carte, copie	cédule
aché	céleri	accéléré	célérité

(a) La plupart des mots que je donne pour raisons orthographiques dans les mots commençant par c, sont moins des raisons de famille, que des rapports plus ou moins éloignés qui servent à fixer dans la mémoire des enfants l'orthographe de ces mêmes mots.

couper	ciron		cité
couper l'air	cingler		citoyen
chevière	civière	château fort	citadelle
gluten	cire		civil
chef	cimier		cercle
cave	citerne		cerceau
couper	ciseau	contour et	circuit
crin	cilice	tous les mots	ceindre
canard	cigne	qui commen-	cycle
couture	cicatrice	cent par *circ.*	cirque
			circonspect

REMARQUE. Les mots qui commencent par *célé, céli, celu*; s'écrivent par c excepté *le sel, la selle, le scel.*

(41) LE SON s ÉCRIT PAR sc.

RÈGLE. On écrit sc au lieu de s quand on entend ces deux lettres, ou bien l'un des sons *gue, que* ou *che*, dans un mot de la famille.

	disciple	pêcher	piscine
	discipline	obscur	scélérat
école	science	scandaleux	obscène
scolaire	conscience	chambre	
scolastique	escient	cabane	scène
scolarité	sciemment	tabernacle	scénite
	à l'insçu	scarifier	sceau, scel
cuisse		résurection	ressusciter
fluxion	sciatique	présy. *sus*	susciter
caprice	susceptible	incrédule	sceptique
scarifier	scier	commander	sceptre
couper	scission	escalader	ascension
fagot	fascine	escalier	descendre
fagot	faisceau	accorder	acquiescer
charmer	fasciner	scalpel	sceau, scel
escamotage	fascination	cacheter	sceler
obscurité	scintiller	désir croissant	concupiscence
luxure	lascif	fleurs croiss.	efflorescence
colérique	irascible	santé croiss.	convalescence
discrétion	discerner	chaleur cr.	effervescence

viscosité	viscère	souvenir cr.	réminiscence
exercice pieux	ascétique	adulte cr.	adolescence
mixtion	miscible	repentir cr.	résipiscence (a)

(42) LES SONS QU, C.

RÈGLE. On écrit QU avant E, I; C, avant A, O, U, et partout ailleurs.

QU	C	QU	C
banquet	banco	invoquer	invocation
paquet	pascal	choquer	le choc
faquir	fiscal	bloquer	blocus
bouquet	bouc	croquis	cinq
acquérir	culbuter	la queue	un coq
acquisition	canonical	inquisiteur	accusateur
quelque	curcubite	le marquis	le sacot
manquer	facteur	qu'est-ce	quoi
vaquer	évacuer	quiest-ce qui	la classe
équivoque	la croute	quiproquo	mascarade
quimper	écraser	marquer	conducteur
qui est là	la crême	le coquin	séducteur
qui vive	caractère	quiberon	un cri
une pique	le pic	le faquin	concourir
mastiquer	le mastic	quinquina	cuirassier
république	public	liquide	cochemar
indiquer	indicateur	la supplique	la supplication

Remarquez *cinq* et *coq* écrits par *q*.

(43) ILL ET IL MOUILLÉS.

RÈGLE. Le son ILL s'écrit par *i* deux *ll*; mais à la fin d'un nom masculin, il s'écrit par *i, l* seulement. (b)

ILL	IL	ILL	IL
il baille	le bail	la canaille	un éventail
il fouille	le fenouil	la feuille	le seuil

(a) Dans les sept derniers mots, le c est le second du mot latin *crescens*, qu'on entend dans *cresco*.

(b) On se rappelera que ces trois lettres *ill*, se prononcent en une seule articulation, à-peu-près comme le mot *lieu*; il en est de même de *il* final, comme dans *travail*, *conseil*.

il veille	le réveil	il sommeille	le sommeil
je conseille	le conseil	la vieille	le viel homme
appareiller	l'appareil	la pareille	le pareil
on détaille	le détail	la volaille	le bétail
la taille	le grand tail	la bataille	le portail
travaillons	le travail	œillade	un œil
la maille	le mail	la merveille	le vermeil
la groseille	le soleil	qu'il veuille	l'émail
qu'il cueille	l'accueil	la bouteille	l'orteil
la baïlle	le baril	énorgueillir	l'orgueil
il s'agenouille	le cerfeuil	il mouille	le reseuil
la grenouille	le cercueil	l'oseille	le linceuil
on accueille	le deuil	on recueille	l'écueil
gentillesse	le chevreuil	il barbouille	l'écureuil
une vrille	le gril	la chenille	le chenil
la douille	le corail	la filleule	le breuil
les entrailles	l'épouvantail	la treille	sans pareil

(44) ACS CS OU X.

RÈGLE. Quand au commencement d'un mot, on entend ACS, OCS, ou UCS, suivi d'une voyelle, on écrit deux c.

Quand on entend ECS suivi d'une voyelle, on écrit XC, et partout ailleurs, on écrit x.

ACS OCS UCS		ECS	
accepter	acceptation	excepter	excepté
l'accident	accidentel	exceller	excellent
l'accès	accessoire	excéder	excessif
l'accent	accentuer	exciter	excitateur
accéléré	accéléré	exciper	excipient (mt
occident	occidental	excentrique	excentrique
l'occiput	occire	excès	excellence
(excepté axiome)		l'excédent	excitation

Par x seul.

alexandre	la réflexion	une fluxion	la maxime
examen	examiner	hexamètre	extraire
anxiété	complexe	expulser	exalté

équinoxe	équinoxial	taxer	exagérer
exercer	exercice	luxer	luxation
fixe	la fixité	auxiliaire	prolixe
flexible	flexibilité	exprès	extraire
un exemple	une exemple	ixion	expresse
(de conduite)	(d'écriture)	maxillaire	la taxe
exquis	exquise	hexagone	une rixe
luxure	le luxe	extrême	mixtion

— Rappelez-vous les mots *succès*, *succéder*, etc., dont *suc* est présyllabe, et les racines *cès*, *céder*.

(45) *sion* FINAL.

RÈGLE. Après les lettres A, I, O, U, C, P, on écrit *sion* final par T, (excepté *mission*, *passion* et leurs dérivés), les mots en *cussion*, ou par raison de famille.

— Pour la plûpart de ces mots, la raison de famille se joint à la règle.

après A, I, O, U, C, P.		*par raison de famille.*	
la consultation	la position	la sujetion	sujette
la conviction	contradiction	la suspicion	suspecte
la corruption	la correction	la discrétion	discrette
la coction	la potion	la désertion	déserte
la crispation	la damnation	la portion	la partie
l'adoption	la jonction	l'invention	inventer
la diction	la décoration	l'attention	attentif
la désolation	l'ablution	la convention	conventuel
la caution	la location	la proportion	prorata
l'affliction	une action	*remarquez les suivants*	
l'ambition	conjuration	un scion	la succion
la punition	la digestion	la scission	la discussion
une addition	l'abolition	la concussion	répercussion
la citation	la capitulation	l'assertion	(malgré ré-
bénédiction	circulation		percuter)
conscription	formation	l'incursion	l'anexion
la coalition	l'ignition	l'insertion	la réflexion
la fiction	la direction	compassion	commission
la fraction	la narration	transmission	permission

(46) OIR OIRE.

RÈGLE. OIR s'écrit sans E s'il est final d'un nom masculin qui puisse se changer en verbe,

OIR s'écrit avec E s'il est final d'un nom masculin qui ne puisse pas se changer en verbe, ou bien d'un nom féminin, ou d'un adjectif.

le nom se change en verbe		le nom ne se change pas en verbe
abreuver	abreuvoir	laboratoire · un mémoire
accorder	accordoir	le purgatoire le répertoire
s'accouder	un accoudoir	le territoire le vessicatoire
affiner	affinoir	l'offertoire l'observatoire
arroser	arrosoir	un accessoire un oratoire
attraper	un attrapoir	un ciboire le prétoire
baigner	un baignoir	*noms féminins*
(lieu où l'on se baigne)		une baignoire (vase où l'on
battre	un battoir	se baigne)
boucher	un bouchoir	une armoire la balançoire
se moucher	un mouchoir	la gloire l'histoire
briser	un brisoir	la bassinoire la victoire
charger	un chargeoir	une poire la passoire
enterrer	terroir	une glissoire la nageoire
lisser	un lissoir	la doloire une yvoire
nicher	un nichoir	la glissoire la foire
égoutter	un égouttoir	la machoire la bouilloire
dresser	un dressoir	la nageoire la mémoire
éteindre	un éteignoir	la racloire l'écritoire
saler	un saloir	voire aussi; même
raser	un rasoir	*adjectifs*
étoufer	un étoufoir	des richesses illusoires
égruger	l'égrugeoir	un jugement comminatoire
encenser	un encensoir	un arrêt exécutoire
espérer	l'espoir	une œuvre méritoire (a)

(a) *Exécutoire* et *méritoire* sont les seuls adjectifs dont on puisse faire un verbe. Ce qui n'est pas contraire à la règle, puisque ce sont des adjectifs.

se mirer	un miroir	un rhume	inflammatoi-
vouloir	le vouloir		re
pouvoir	le pouvoir	une machine	fumigatoire
savoir	le savoir	un moyen	accessoire
avoir	l'avoir	un sacrifice	expiatoire

(47) L'ASPIRÉ (H) ET LE TRÉMA.

Règle. Mettez le *tréma* sur la voyelle que vous voulez distinguer de sa voisine, ou séparez-les par l'*aspiré*.

Explication. Il y a deux manières d'écrire un mot dans lequel on veut prononcer deux voyelles séparément. La première, est d'employer le *tréma* sur la voyelle qu'on veut distinguer.

La seconde, est de séparer les deux voyelles par l'*aspiré*. Si non, les deux voyelles réunies donneraient un autre mot que celui qu'on veut dire.

avec le tréma on lit	sans tréma on lirait	avec l'aspiré on lit	sans aspiré on lirait
zoïle	zoile	ébahir	ébair
ésaü	esau	une cahute	une caute
moïse	moise	le véhicule	veicule
saül	saul	méhul	meul
aigüe	aigue	le cahier	le caier
égoïsme	égoisme	envahir	envair
cigüe	cigue	envahisse-	envaissement
naïf	naif	ment	
un caraïbe	caraibe	une cohue	une coue
le tanaïs	tanais	véhément	vément
naïveté	naiveté	trahir	trair
haïr	hair	trahison	traison
haïssable	haissable	ahurir	aurir
héroïne	héroine	prohiber	proiber
mosaïque	mosaique	prohibition	proibition
coïncider	coincider	brunéhaut	bruneaut
le maïs	mais	répréhensif	apprehension
sinaï	sinai	la cohorte	le cahot
caïn	cain	incohérence	appréhender

laïc	laic
seïde	seide
danaüs	danaus
alcinoüs	alcinous
hémorroïdes	hémorroides
jamaïque	jamaique
thébaïde	thébaide
héroïque	heroique
prosaïque	prosaique
ouï d'ouir	oui affirm.

(Ces derniers ne présen-tent pas de contresens).

Cependant, on ne peut choisir entre le tréma et l'as-piré, il faut étudier chacune de ces deux séries.

(48) H INITIAL.

RÈGLE. De même que l'aspiré (l'H) sépare deux voyel-les, pour empêcher qu'elles ne forment, en se réunissant, un autre mot que celui qu'on veut émettre; de même il sépare deux mots, pour empêcher qu'ils ne forment, en se réunissant, un autre mot que celui qu'on veut dire.

En effet, si on lie les mots de la colonne de gauche, ils donneront les équivoques qu'on lit dans la colonne de droite.

ne liez pas	liez	ne liez pas	liez
le hart	l'art ; lard	les hardes	lésarde
la hache	lâche	je happe	jappe
la haie	qu'il l'ait	je hante	j'ente
la hauteur	l'auteur	le hanneton	l'âneton
un hoyau	un noyau	la hanche	l'anche
un hideux	un nid d'œufs	la hotte	lotte
la haire	l'air	il est hardi	il est tardif
son haillon	sonnaillons	une haridelle	une a ri d'elle
ce hableur	ce tableur	le harnais	lard n'est
l'air hagard	l'air agar	les harengs	lésard en
ma honte	monte	ces haricots	césaricot
leur halle	leur râle	le hazard	lazare
je halette	j'allaite	la hutte	lute
je hais	j'aie un geai	la hune	lune, l'une
un hasard	un nazar	à la hâte	à latte
ne hennis pas	nenni pas	les héros	les zéros
quel hère	quel air	les hérauts	
il se hérisse	cerise	un héron	un nez rond

•le heurt	l'heur	je herse	gerce
quel hêtre	quel être	de hibou	dix bouts
mets le holà	mets l'eau là	il est honni	il est au nid
le hoquet	loquet	ce houblon	c'est tout blond
la houpe	loupe	je te housse	je tousse
la houe	loue	la hure	Lure (ville)
mère la huche	merluche	je te hue	je tue

(49) REMARQUES SUR L'ASPIRÉ (H)

RÈGLE. Les mots qui commencent par HYP, HYD, HUM, HUI, HABI, excepté *abyme*, les suivants, et ceux de leurs familles s'écrivent par H, et ne se séparent pas de l'article qui les précéde. *hyp*, et, *hyd*, ont l'y grec.

l'homme	l'heure	l'hôte	l'hiatus
l'hostie	le bonheur	l'herbe	l'hiver
l'histoire	le malheur	hors	l'hameçon
hostile	héberger	dehors	l'héritier
l'honneur	l'harmonie	hier	l'héroïsme
l'hospice	l'hopital	hélas	l'haleine
l'horison	l'horloge	l'hébété	l'homonyme
l'hémisphère	l'huile	l'habit	l'humilité
humide	huileux	l'habitude	l'humeur
inhumer	inhumation	humble	humblement
exhumer	exhumation	humidité	habiller
l'habillage	huilerie	humoriste	habillement

Ajoutez *hérer*, qui est la racine de *adhérer, adhésion adhérence.*

Et *hiber*, qui est la racine de *prohiber, exhiber, inhiber.*

REMARQUE. En général, un mot qui commence par une voyelle prend l'H, si cette voyelle n'est pas une présyllabe, ou si le mot ne peut s'agrandir d'une présyllabe.

On dit sans lier *la henriade, les fils de henri, le huit, à huis clos, le oui, le un* du mois, *vers les une heure, le onze, le onzième.*

Je ne parle nulle part de mots techniques. Celui qui

étudie un art, une science, en étudie aussi la nomenclature et l'orthographe.

Encore quelques mots aspirés.

la hallebarde	le hangar	le hamac	la hutte
la harpe	le havresac	le hongre	le hussard
le haras	harasser	la houille	hisser
héler	une hie	le houle	le harpon
l'hoirie	harguer	la harangue	hurler
le hoir	le hochet	le hameau	houspiller

(5o) J, G, et Z.

RÈGLE. On écrit G, avant E, I; et J, avant A, O, U.

G	J	G	J
généreux	le jabot	le gendre	jovial
la cage	jaune	le givre	la jujube
la courge	le jus	le magicien	le joujou
la giberne	le javelot	le geolier	le juge
le géant	la jonquille	le gingembre	le jocrisse

Les suivants s'écrivent par J, avant E, I, par raison de
famille.

jeune *à cause de* jouven-ceau		je *à cause de* A, O, U, *initial des verbes*
jeudi	jupiter	majesté	majuscule
le jet	jaillir	majeur	majorat
le trajet	jaillir	le jeu	jouer
le projet; le rejet, etc		

Remarquez. *Badigeon, bourgeon, esturgeon, pigeon,
plongeon, géole, rougeole, gageure, et flageolet.*

RÈGLE. On écrit Z après GA, IN, ON, et après A initial.

la gaze	la gazette	bonze	gazouiller	bronze
magazin	le gaz	azime	azimuth	azur

Initial lui-même : *le zèle, le zéphir, un zéro, zoophite,*

zénith épizootie, *bizarre*, les mots numériques *onze*, *douze*, *treize*, *quatorze*, *quinze*, *seize* et les mots de leurs familles.

(51) LES SONS i, et y, consonne.

RÈGLE. On écrit chacune de ces lettres quand on les prononce.

EXPLICATION. L'habitude empêche souvent qu'on ne distingue ces deux sons, et je vais donner quelques exemples, pour les faire distinguer. Ces exemples appartiennent a la conjugaison.

j'envoie	envoyant	fuis	fuyons
tu envoies	envoyons	qu'il fuie	fuyez
il envoie	envoyez	je fuirai	je fuyais
que j'envoie	j'envoyais	je fuirais	tu fuyais
que tu en-	tu envoyais	j'ennuie	ennuyant
voies		tu ennuies	ennuyons
qu'il envoie	j'envoyai	il ennuie	ennuyez
qu'ils envoi-	tu envoyas	il ennuiera	j'ennuyais
je raie (ent	rayer	elle ennuie-	on ennuyait
tu raies	rayant	louvoie (rait	louvoyer
il raie	rayé	qu'il louvoie	louvoyant
ils raient	rayons	je louvoierai	louvoyé
je raierai	rayez	je louvoierais	je louvoyais
tu raieras	je rayais	tu louvoierais	tu louvoyais
il raiera	tu rayais	il louvoiera	il louvoya
raie	je rayai	je plancheie	plancheyer
qu'il raie	tu rayas	tu plancheies	plancheyant
je paierais	payer	il plancheie	plancheyé
paie	payant	n. plancheie-	n. planchey-
qu'il paie	payé	ions (rez	ions (yous
je paierai	je payais	v. plancheie	n. planche-
tu paieras	il payait	qu'ils plan-	il plancheya
il paiera	tu payas	cheient	
nous paierons	il paya	il corroie	corroyer
vous paierez	qu'il payât	il corroiera	corroyant
fuir	fuyant		

Les verbes en IER, OUER, comme *crier*, *prier*, *louer*, n'ont jamais le y.

(52) REMARQUES SUR E FINAL.

Une consonne ne peut avoir de son, si elle n'est accompagnée d'une voyelle; ainsi l'on écrira E dans les mots qui se terminent par deux consonnes immédiatement prononcées. Exemples : *gerbe, burlesque, buste, busque, suspecte, masque, pulpe.*

Cependant, on n'écrit pas E à la fin des mots suivants, malgré qu'on prononce la consonne finale.

les mœurs	un fat	le rit, le but	la dot, la vis
la cuiller	le granit	l'or mat	un au-net
le fut, le tact	un luth	le fer brut	le lys
un christ	le vrai sens	un bourg	le cep, la nef
l'hymen	l'examen	coq, cinq	un toast
le virus	gratis	le lest, un cep	le rapt
le rébus	un agnus	l'aloès	distinct
œuf, bœuf	nerf, cerf	préfix	index
un serf	des serfs	en sus	un laps
un porc	un ours	le fils	le fait

Il en est de même des noms propres : *Jacob, Joseph, Marcus, Romulus,* etc.

Un adjectif qui convient aux deux genres, se termine par E : *digne, agréable, superbe, commode, sublime, aimable, tranquille, vorace.*

AL, EL, IL, OL, UL, EUL.

Il faut observer que la voyelle d'une dernière syllabe qui finit par une consonne est brève, et que cette même voyelle devient longue si cette consonne se pose sur un E final; ainsi l'on consultera l'oreille pour les adjectifs tels que *légal légale, égal égale, vil vile, filleul filleule, subtil subtile, vocal vocale;*

IR ou IRE, OIR ou OIRE *finals des verbes.*

Touts les verbes qui ont le participe présent terminé par *isant, iant,* s'écrivent avec un E. Plus *écrire* qui fait *écrivant,* et *maudire* qui fait *maudissant.* Touts les autres s'écrivent sans E, plus *fuir* et *ouir,* quoiqu'on dise *fuyant, oyant.*

De touts les verbes en OIR, il n'y a que *boire, croire,* et leurs comparés qui s'écrivent avec un E.

EC, IC finals.

Écrivez par *c grec*, au féminin *grecque*, *public*, au féminin *publique*, plus *aspic*, *basilic*, *arsénic*, *cric*, *pic*, *pronostic*, *tic*, *syndic*, *trafic*, et touts les autres mots de cette terminaison par *ique*.

OC, UC finals.

Écrivez par *que*, *colloque*, *équivoque*, *réciproque*, *perruque*, *eunuque*, et touts les autres mots de cette terminaison par *oc*, *uc*.

AE, EF, IF, OF, UF finals.

Écrivez avec un F les mots *agrafe*, *carafe*, *girafe*, *grefe*, *grife*, *étofe*, *tartufe*, et touts les autres mots de cette terminaison par *ph*, *épigraphe*, *apocriphe*, *Adolphe*, *Arnulphe*.

E est aussi le signe d'un mot au féminin, mais ceci est du ressort de la Grammaire.

(53) Vocabulaire des raisons orthographiques.

Ce Vocabulaire, qu'on ne comprend que lorsqu'on est familier avec les règles, n'est pas disposé par ordre alphabétique ; mais par ordre de sons. Par exemple, soit donné le mot *aubaine*, il faut le chercher par o, et non par A ; (car on ne connaît pas l'orthographe d'un mot qu'on cherche.) Si on ne le trouve pas dans le Vocabulaire, on le cherchera dans les exercices au son o, ou bien au son È ; s'il n'est pas là, on verra les exceptions ; si, enfin, on ne l'y trouve pas, s'il ne répond à quelqu'une des règles, on l'écrira selon l'épellation naturelle.

Je dis : Si le mot cherché ne répond à quelqu'une des règles, car les mots dont la raison orthographique se présente d'elle-même, telle que *nouve ll e* (11), *ap porter* (14), *bi ai s bi ai ser* (21), *défi défi er* (25), *riv al riv aux* (28), *méditation* (49), n'y sont pas insérés.

Je n'y ai pas inséré non plus touts les mots d'une même famille, parceque, la raison suffisante d'un mot étant trouvée, cette raison est en même temps celle de touts les mots de la même famille. Par exemple : le P du mot *compter*, rend raison de celui qu'il faut mettre dans les mots *compte*, *comptoir*, *comptable*, *comptabilité*, *mé-compte*, *escompte*, *escompter* ; ainsi il suffit de trouver un mot de la famille de celui qu'on cherche, pour avoir la raison, non-seulement de celui-là, mais encore celle de touts les autres.

Je puis assurer qu'après les mots contenus dans ces exercices, dans ce dictionnaire, dans les remarques et dans les exceptions, il n'en est pas un dont le maître ne puisse indiquer la raison suffisante des lettres contraires à l'épellation naturelle qui s'y présenteraient : et celui qui trouverait les rapports des mots d'une même famille trop éloignés, tels que *hameau* et *menil*, *août* et *auguste*, *épaule* et *scapulaire*, *gai* et *gavotte*, peut regarder le second des deux mots comme un moyen mémoratif d'orthographier le premier.

Les numéros renvoient à la règle explicative du mot, quand elle a été trop longue pour être insérée dans ce dictionnaire. Cependant, pour ne pas multiplier ces renvois, j'ai donné la raison de famille, quand j'ai pu le faire, parcequ'elle est plus sensible, plus instructive et que cela fait deux raisons pour une d'écrire le mot trouvé. (a)

VOCABULAIRE.

A			
abois (aux)	*pluriel* d'aboi	accort	courtois
abri	abrier	affable	ineffable
accaparer	capture	agneau	agnelet
accenser	cens (32)	agrès	*as, os, es* final
accepter	capture	hameau	menil
accident	casuel (32)	âne	bétasine
acclamation	déclamateur	apparier	pareil
accolade	col	appeau	épeler
accomplir	complet	appétit	pitance
		août	auguste

(a) Je n'ai pas la prétention d'avoir écrit pour ceux qui ont étudié le latin ; néanmoins, ceux-ci trouveront dans cet ouvrage plus d'une chose qu'ils ignorent, et qui peut fixer leurs idées sur notre orthographe, la plus difficile de toutes les sciences, parceque, jusqu'à présent, elle n'a pas été enseignée par principes.

J'engage les instituteurs à mettre les règles en modèles d'écriture, et ceux qui professent la méthode mutuelle, à mettre les exercices en tableaux, en prenant, dans le vocabulaire, des mots, selon le cadre qu'ils auront à remplir, ou en y rejetant ceux qu'ils auraient de trop.

ap prenti	pr endre	bard e au	bard e r
ap privoisé	p rivé	ba rr ière	ba rr e
ap proximatif	p roche	bed e au	bed e l
ar ai re	ar a toire	besa c e	bis sac
ha ren g	32, harengère	bigarr e au	bigarr é
harn ai s	harn a cher	bis (pain)	bi se (pâte)
ar racher	racine	blut e au	blut e r
ar roger	dé roger	b au drier	b a nde
ar roser	rosée	bra c elet	bra ch ial
arseni c	arséni c al	bui s boui s	bui ss on
ass a ut	ass a illir		
av e nt (l')	la v e nue		

C

AN

em bargo	barque	ca ba s	son long final
em barras	barre	cal c iner	cal c aire
em baucher	dé baucher	qu alité	qu elleté
en can	en chantant	cam p	cam p er
en combrer	dé combrer	capill aire	chevelu 19
en fler	souf fler	capit ai ne	capit an
eu geance	géant	cap t ieux	cap t if
en gin	in génieur	carp e au	carp e

carré }
carreau }
carreler } Exceptions aux mots de
carrément } la famille de quatre qui s'é-
carlet } crivent par *qu*.

em mailloter	maillot	caiquois	élégant (liez)
em mancher	manche	ca s	ca s uel
em mener	mener	cl ai e	cl a yon
em mieller	miel	cle f	cl a v ier
en orgueillir	orgueil	cl au stral	cl a quemurer
en nui	nuire	cler c	cleri c ature
em pêcher	pédestre	col line	co l
em pêtrer	piéton	col lusion	al lusion
em plette	com plette	com mensurable	mesure
em plir	accom plir	c au chemar	son long
em pois	poix	c au teleux	son long
en rôler	rouleau	quoti e nt	32
en seigner	dé signer	conda mn er	inde mn ité
en semble	simultané	congrè s	son long final
en viron	in vestir	com p ter	com p uter
		consist a nce	33

B

bailli f	baillive
ban c	ban quet
bapt ê me	bapti s mal

con sort / as sortir
co m te / co m ité
cont a c t / ta c ti que
corb e au / corb i llat
cr ai e / cr a yon
cr ê pe / cri s per
crén e au / cren e ler
cri c / cri q uet
cour s / cour se
courtoi s / courtoi sie
couv ain / couv ant

CH

cha rr ette
cha rr iot
cha rr ue } Dérivés de *char* où la con-
cha rr on } sonne finale
cha rr etier } se double.
ca rr osse
ca rr ière

chassela s / son long final
chat ai gne }
chat ai n } cast a gnette
cham p / cham p être
chenevi s et
chenevi / chenev i ère
cheni l / canicu l e
cheti f / cheti v e
chev au cher / chev a l
chocola t / son bref final
ch au sser / esc a r pin
ch û te / ca s cade

D

d'abor d / abor d er
dad ai s / ignorant (liez)
dar d / dar d er
dan s / une heure (liez
d e nrée / d e nier
deb au che / déb a cle
défau t / fa illir fau te
dég à t / déva s ter

délor s / lor s que
déli t / déli t escence
déni / dén i er
d en se / cond en sant
dé c embre / dé c amètre
désa rr oi / après *at, ot, et.*
dif famer / famé
dif ficile / facile
dimen s ion / me s ure
d î ner / désinence, ces-
sation de tra-
vail
distin ct / distin ct if
distri ct / restri ct ion
dai m / da m a
d au be / son long
do m ter / do m iner

E

éb au che / son long
hebdom a daire / semaine
hebdomad aire / postsyllabe
éche c / échi qu ier
échev e au / échev e tte
écrit e au / écrit e
égar d / regar d er
ai guière / a queux
héla s / las lasse
ép au le / sc a pulaire
ép au tre / son long
en nemi / après *at, ot, et*
ai r / a érer.
ai r / a riette
ai r ain / a r aneux
essai m / essai m er
étan ç on / atta cher
ét en dard / t en dant, dard
é tan g / sta g nant
ét ai n / ét a mer
ét au / et al
exam e n / exam i ner
exclu / exclu e

F

ic ant	fabri c ateur
ri qu ant	fabri qu er
cher	of fu s quer
ai se	fad a sse
rena s	son long final
ace	ace, èce, ice,
mme	f é minin (oce.
t ai sie	fanta s que
m	fa mine
sceau	f a sciculé
ourg	faux bourg
x	dé f al quer
teuil	són long, 43.
vette	avant *v*
ain	fus ant
au	fus ée
ai ne	ful a nier
rer	fl a ner
u	28, fl a geller
e	{ flux, reflux { flu e r
icule	feui ll e
l (un)	profon denr
s (de)	fon d er
s baptis	fon t aine
ai t	contre fa çon
na t	*al, ot, et* final
u de	farder

G

g e ure	g adouci
ai	g a votte
u che	son long
usser	son long
g em bre	ging i brine
n d	dégon d et
et-a-pen s	en y pens ant
ai re	glai s eux
ai ve	gladi a teur
oss ai re	glose
rabo tt ons(à)	grabo tter

giam e n	grami née
grani t	grani t elle
gravoi s	gravoi s er

I

im maculé	maculature
im mense	mesure
im minent	menacer
im miscer	mixtion
im muable	re muer
ir rigation	rigole
in nocent	nuire
ingrédi ent	33.
impar t ial	par t ie
insa t iable	sa t urer.
ain si	seul *in* initial
	écrit par *ai.*
instin ct	distin ct if
intru s	intru se
institu t	institu teur
int en se	t en dant

J

j au ge	son long
j au ne	son long
j eu ne	jouvenceau
j eû ne	abstinence
jon c	jon cher

L

la c érer	dé ch irer
laqu ai s	insolent (liez)
lav oir	lav er
lamb e au	lamb e
légat aire	postsyllabe
l'ai ton	} la ctée
l ai tue	
lilas	lila ss er
lin	l i nière
liné aire	ligne.
lin c euil	cer cueil
li quo reux	li queur

con sort | as sortir
co m te | co m ité
cont a c t | ta c ti que
corb e au | corb i llat
cr ai e | cr a yon
cr ê pe | cri s per
crén e au | cren e ler
cri c | cri quet
cour s | cour se
courtoi s | courtoi sie
couv ain | couy ant

CH

cha rr ette
cha rr iot
cha rr ue
cha rr on } Dérivés de *char* où la consonne finale se double.
charr etier
ca rr osse
ca rr ière

chassela s | son long final
chat ai gne
chat ai n } cast a gnette
cham p | cham p être
chenevi s et
chenevi | chenev i ère
cheni l | canicu l e
cheti f | cheti v e
chev au cher chev a l
chocola t | son bref final
ch au sser | esc a r pin
ch û te | ca s cade

D

d' abor d | abor d er
dad ai s | ignorant (liez)
dar d | dard er
dan s | une heure (liez)
d e nrée | d e nier
deb au che | déb a cle
défau t | fa illir fau te
dég â t | déva s ter

délor s | lor s que
déli t | déli t esce
déni | dén i er
d en se | cond en sa
dé c embre | dé c amètr
désa rr oi | après at, o
dif famer | famé
dif ficile | facile
dimen s ion | me s ure
d î ner | désinence sation de vail
distin ct | distin ct
distri ct | restri ct
dai m | da m a
d au be | son long
do m ter | do m ine

E

éb au che | son long
hebdom a daire | sem a
hebdomad aire | posts
éche c | échi qu
échev e au | échev e
écrit e au | écrit e
égar d | regar d
ai guière | a queux
héla s | las lasse
ép au le | sc a pula
ép au tre | son long
en nemi | après at
ai r | a érer
ai r | a riette
ai r ain | a r aneux
essai m | essai m er
étan ç on | atta cher
ét en dard | t en dant
é tan g | sta g nant
ét ai n | ét a mer
ét au | et al
exam e n | exam i ne
exclu | exclu e

F.

fabri c ant	fabri c ateur
fabri qu ant	fabri qu er
f â cher	of fu s quer
fad ai se	fad a sse
faguena s	son long final
falla c e	ace, èce, ice,
f e mme	f é minin (oce.
fant ai sie	fanta s que
f ai m	fa mine
fai sceau	f a sciculé
faubourg	faux bourg
f aul x	dé f al quer
f au teuil	son long, 43.
f au vette	avant v
fus ain	fus ant
fus e au	fus ée
fut ai ne	fut a nier
fl ai rer	fl a ner
flé a u	28, fl a geller
fl û te	{ flux, reflux / flu e r.
fo ll icule	feui ll e
fon d (un)	profon denr
fon ds (de)	fon d er
fon ts baptis	fon t aine
for f ai t	contre f a çon
frima t	at, ot, et final
fr au de	farder

G.

gag e ure	g adouci
g ai	g a votte
g au che	son long
g au sser	son long
ging em bre	ging i brine
gon d	dégon d er
guet-à-pen s	en y pens ant
gl ai re	glai s eux
gl ai ve	gladi a teur
gloss ai re	glose
grabo tt ons (à)	grabo tter

gram e n	gram i née
grani t	grani t elle
gravoi s	gravoi s er

I.

im maculé	maculature
im mense	mesure
im minent	menacer
im miscer	mixtion
im muable	re muer
ir rigation	rigole
in nocent	nuire
ingrédi ent	33.
im par t ial	par t ie
insa t iable	sa t urer
ain si	seul in initial / écrit par ai.
instin ct	distin ct if
intru s	intru se
institu t	institu teur
int en se	t en dant

J.

j au ge	son long
j au ne	son long
j eu ne	jouvenceau
j eû ne	abstinence
jon c	jon cher

L.

la c érer	dé ch irer
laqu ai s	insolent (liez)
lav oir	lav er
lamb e au	lamb e
légat aire	postsyllabe
l ai ton	} la c tée
l ai tue	
lilas	lila ss er
lin	li n ière
liné aire	ligne.
lin c euil	cer cueil
li quo reux	li queur

loquacité	interlocuteur
lors	lorsque
loup	louve, luper- cales

M

maçon	machine
maigre	macérer
maison	ma suie
manœuvre	opérer
marc	marquer
matras	matrasser
menacer	imminente
mention	mental
merci	remercier
mercier } mercenaire }	mercantile
mensuel	mesure
migraine	micrane
minerai	minéral
minois	éveillé (liez)
minutie	minuter
maintien	tenir la main
maugréer	malgré
maure	son long
mors } morsure }	mordre
mortuaire	postsyllabe
mœuf	mode
moineau	moine, seul, solitaire

N

naseau	naziller
nécessaire	ne cessant pas
naulis	nauliser
nausée	nazal
nombril	ombilical
nuitamment	s'annuitant

o

aube	albâtre, le jour blanchit
aubépine	épine blanche
occasion	cas
oculaire	o cil
occulte	caché
occurence	concurence
occiput	préciput
occire	circoncire
audace	hardiesse
augmenter	agrandir
auge	alvéole
auguste	août
aujourd'hui	à le jour d'hui
omelette	oeufs mêlés
auparavant	a le par avant
opportun	importun
hors	de hors en avant (liez)
osciller	vaciller
auteur	agrandir
automne	automnal
autre	altérer, alterner
autrui	un autre lui

P

papauté	papal
patient	patientant
panais	au gras (liez)
pendule	pendant
penser	pensant et pêser
pension	dépensant
pension	dispendieux
pavois	pavoiser
patriarchat	patriarche
persil	persiller
pertuis	pertuiser

p ai x	p a cifique	r ai fort	r a ve forte
p ai sseau et		réd emp tion	ex emp tion
p e ss e au	p e ss e ler	r ai nure	r a yer
pie d	pé destre	r ai sin	r a tafia
pi lori	pilori er	r ai son	r a tionnel
p is (le)	pi ss er	ra s	r a ser (ure
piq û re	piqu ure	remord s	mo'rdre, moi s
pl â tre	pla s tron	r em plir	accom plir
pl ai ne	pl a ne	r en te	r en tant
plumass e au	plumass e rie	rep ai re }	pasteur, paître
pl au sible	son long	repa s }	pâture
plurie l	plura l ité	r ê ts (des)	ré s eaux
pon t	pon t onner	rest au rer	rét a blir
poi ds	prépon déran- ce et pe s er.	rev en diquer	rev e nir
poin g	poi gn et	ros e au	ros e lière
por c	por c-épic	roug eo le	roug e
pour c eau	por c		
			s
prè s	pres ser	sac cager	mot composé
préc au tion	g a rantie	sa t iété	sa t uré
pr ai rie	pr a do	sa s	en sasser
pr ê tre	pre s bytère	s ai gner	s a ng
prim au té	prim a tial	secour s	succur s ale
priv au té	priv aut	scul p ter	scal p el
printem ps	premier temps, temporiser	séd en taire	rési d ent, 33.
		sédent aire	postsyllabe
prov ins	prov i gner	s ei gneur	s é nateur
ps au tier	ps al modier	s en tinelle	sent ant (re
pui ts	putéal, pui-	sem ai ne	hebdom a dai-
pun ai s	pun ai se (s er	sem en ce	sém i nale et ensem en çant
		servi c e	servi t eur
	r	se p tier	7me partie et septembre
rac e	ra c aille	setier	6me partie
ra c ine	arra ch er	sic cité	sé c her
rad e au	rad er	sce au	sc el
ram e au	ram ée	s au ge	son long
ran g	ran g er	s au le	son long
rav au der	rav a ler	s au poudrer	s a ler
rebour s	rebrou ss er	s au r (hareng)	s a lé
recr û e (une)	croi ss ant	sor c ier	sor t ilège
reculon s (à)	reculer		
réch au d	ch a leur		

s au ver (se)	le s a lut
souf fler	en fler
souf frir	of frir
soup en te	susp en dant
sour c e	sor t ir
sournoi s	sournoi se
spl en deur }	pl é nitude de
respl en dir }	lumière.
statu t	institu t eur
stip en diaire	dép en dant
suc cursale	re c ours
suf fire	con fire
sup plicier	com plice
sup p urer	dé p urer
sur e au	sur e tte
surpli s	pli ss er

T

t â che	distinctif de tâche
tem ps	tem p ori s er
tem ple	cont em plant
thim	th i mial
t au pe	se t a pir
t au reau	sons longs
tor.s, tor se	tor d re
tor t	tor t ure
tr ai ner	train, tr aine
treilli s	treilli ss er
tret e au	trat e ler
tribu	sans e
tribu t	tribu t aire
trè s	troi s fois
troi s	troi s ième
tron ç on	tron qu er

U

eu	pour *avu*, puis

	évu et enfin eu,
	racine de j'eus,
	de j'eusse etc.
hui s	hui ss ier
us	u s age
ust en sile	out i ller

V

vac cine	va che
va c iller	os ciller
v.an	v a ner
v ent	év en tant
v en dre	v é nal (de
v en drédi	Vénus (jour
v en tre	é v en trant
ver s	ver s er
ve rr e	phrase de 33
ver t.	ver te
ver d	ver d ure
vermi ss eau }	
et mieux je }	puisqu'on dit
pense }	vermi c ulaire
vermi c eau }	
vermi c elle }	
vic e	évi t er
v i s (une)	vi ss er
vice-versa }	changement
vi c issitude }	
vis-à-vi s	visage à visage
vieux-oing	oi gnant
vitr au x	vitr a ge
v au tour	son long
v au trer	son long
vin gt	vi g ésimal
vin gt	ving t ième
viol ant	viol er
viol ent	viol en te

(54) FAUSSES RACINES.

on écrira	malgré	on écrira	malgré
habi t	habi ller	no-ce	nu p tial
abri	abri ter	nu	nu dité
agio	agio-ter	p è re	p a ternel
avoca t	avoca sser	m è re	ma ternel
bijou	bijou tier	fr.è re	fr a ternel
caillou	caillou ter	au diteur	o uir
coco	coco tier	au riculaire	o reille
cru	cru dité	poul ain	poul i che
écu	écu sson	recrû e	recru t eur
épilep s ie	épilep t ique	roi	roi t elet
héro s	héro ïne	salu t	salu er
ergo	ergo ter	souri s	souri c ière
essor	sor tir	syro p	syro ter
étain	éta mer	taba c	taba t ière
filou	filou ter	tier s	tier cer
folio	folio ter	tournoi s	tourno yer
fourmi	fourmi llière	thés au riser	trés o r
ju s	ju teux	velour s	velou té
mar ais	mar é cageux	vil e nie	vill ain
mar s	mar t ial	virus	viru l ent

(55) VOCABULAIRE DES EXCEPTIONS.

Les lettres espacées sont celles sur lesquelles porte l'exception.

A			
	asper s ion	em plette	boul e au
ad dition	at titude	en ticher (s')	bonho m ie
adja cent		en vi (à l')	bu ll é
â ge	AN	en vie	bu tt e
af fubler	em blée (d')		
ha nneton	em blème	B	C
h e nnir	anchoi s	ba ll e	cad e au
ha meçon	en clume	bed ai ne	cal em bourg
ap pui	en core	ben ê t	cal en drier
a qua tique	em pan	bis e au	ca nn ibale
argi lle	em peigue	bi z arre	cl au se

quan d il veut
quan t-à moi
qu antité
qu asi
qu asimodo
qu intuple
qu olibet
comm en sal
co m ète
co m ique
qu otidien
qu otient
cou e une
couli ss e
cou rr ier
cou rr oux.
couti l
cui ss e
qui tt e
chan s on
charen s on
chau ss er

D
décor u m
dém en ce
deter s if
dindonn e au
disti ll er

E
éco l e
ex h orter

F
fa c étie
flu x ion
fred ai ne
fut ai é

G
g ai ne
gu tt ural

I
imbéci ll e

L
la rr on
l en dem ain
l en tes
l en tilles
leg en de
lit e au
leu rr er
l au rier
lu tt e (la)

M
meli ss e
m en tion
m en ton
m e ntor
m a i
mi ll e
mis ai ne
mui d

O
o c éan

au di en ce
au ne
au stral
ost en sible
au tomate
au truche

P
pann e au
passer e au
pa rr icide
peli sse
p en tecôte
perdri x
pin s on
pin c eau
pon c eau
poir e au
pou rc e au
p au se
pote au
pot en tat
pot en ce
pupi ll e

R
recor s
régli sse
réu ss ir
r au que

S
sagit taire

s en tier
s en tence
c èdre
c idre
sil en ce
s e mpiternel
sol enn el
sauci sse
sou hai t
suf frage

T
talu s
tapinoi s
t em pe
t em pête
toc s in
tranqui ll e
trou ss eau

U
hu tt e
ust en sile

V
vaci ll er
y au tour
yend an ge
ve rr at (me
vesc e (légu-
vi ll e
vil e nie
volontier s

CONCLUSION.

Environ deux cents mots d'exceptions, et quarante règles composent toute l'étude de l'orthographe française.
Si l'on considère que deux cents mots ne sont rien en
comparaison des quarante mille que renferment nos dic-
tionnaires, et que ces quarante mille mots sont classés

dans quarante règles, on n'hésitera pas, je pense, à se familiariser avec une méthode qui présente à l'écolier et au maître un si grand avantage. Et si l'on considère encore que plusieurs de ces exceptions pourraient à la rigueur rentrer dans les règles données, on conclura que notre orthographe peut s'enseigner, sans le secours du latin.

(56) HOMONYMES.

Après les exercices que l'on a vus, il serait oiseux de donner les homonymes, si les enfants ne les classaient, groupe par groupe, dans une même phrase. Ce classement forme une suite de petites compositions propres à exercer leur intelligence et leur goût, telles que L'ABESSE ABAISSE SON VOILE; — *s'il veut de la salade, qu'il* AILLE *chercher un* AIL, — *je me suis fait mal à* L'AINE, *en levant une balle de* LAINE, dans le département de L'AISNE (*a*)

Manière de dresser une table d'homonymes.

A		A	
abaisse	mets en bas	l'air	le vent
abesse	religieuse	l'air	d'une chanson
un ail	plante	l'air	aimable
qu'il aille	d'aller	l'aire	la grange
l'aine	le côté	l'ère	chrétienne
laine	de mouton	les erres	les traces (re
l'Aisne	département	les airs	l'athmosphè-

(57) MOTS DONT LA PRONONCIATION EST A REMARQUER (*b*).

écrivez	*prononcez*	*écrivez*	*prononcez*
un signet	un sinet	le brocle croc	brot crot
vermicelle	vermichelle	le cric, le marc	cri, mar
violoncelle	violonchelle	paon, taon	pan tan

(*a*) Ces phrases et de semblables, sur touts les groupes, sont faites par mes écoliers.

L'instituteur fera un recueil d'homonymes, et donnera l'explication de chaque mot, non par le nom grammatical, ce qui double la difficulté; mais par le sens propre ou équivalent de chacun d'eux, comme on le voit ci-dessus.

(*b*) Je ne parle pas des mots que l'habitude a appris à touts les français.

factotum	factoton	faon, laon	fan lan
opium	opiom	un oignon	un ognon
douairiaire	douariaire	eunuque	unuque
monsieur	mossieu	le mois d'août	le mois d'ou
gageure	gajure	un zest	un zet
athsme	asme	un legs (me	un lêt.
la phthysie	ftisie	gentil-hom-	gentillomme
hennir	hannir	le babil	le babi
solennel	solannel	le coutil	le couti
suspect	suspet	le chenil	le cheni
respect	respet	aquatique	acouatique
aspect	aspet	équateur	écouateur
des œufs	des œu	quadragési-	couadragési-
des bœufs	des bœu	me	me
des nerfs	des ner	quasimodo	couasimodo
des cerfs	des cer	quadrupède	couadrupède
des lacs	des lats	la quiétude	la cuiétude
des ours	des our	équitation	écuitation
dompter	donter	un questeur	uu cüesteur
des porcs	des por	équestre	écüèstre
exemption	exempcion	aiguille	aigüille
symptôme	simpetôme	aiguiser	aigüiser
second	segond	aiguillon	aigüillon (a)

Prononcez G *et* N *séparément.*

prog né	g nostique	stag nant	stag nation
cog nat (ble	cog nation	reg nicole	g nide
inexpugna-	g nome	g nomon	g nomonique
ig né	ig nition	ig nicole	ig name

Séparez aussi le G, N, dans les mots latins; mais donnez le son français GN à *agnus* image bénite et à *incognito.*

Gardez-vous de prononcer la finale dans les mots ci-après, si le mot qui suit ne commence par une voyelle.

Alors, tous, ceux, donc, dont, avec, tabac, estomac, almanac, quand, plus, l'os, trop, beaucoup, faubourg, ni les R finals des verbes en ER, *chanter, parler, brider, etc.*

FIN.

(a) On devrait mettre le tréma sur les mots où je l'indique.

FIN DE LA TABLE.

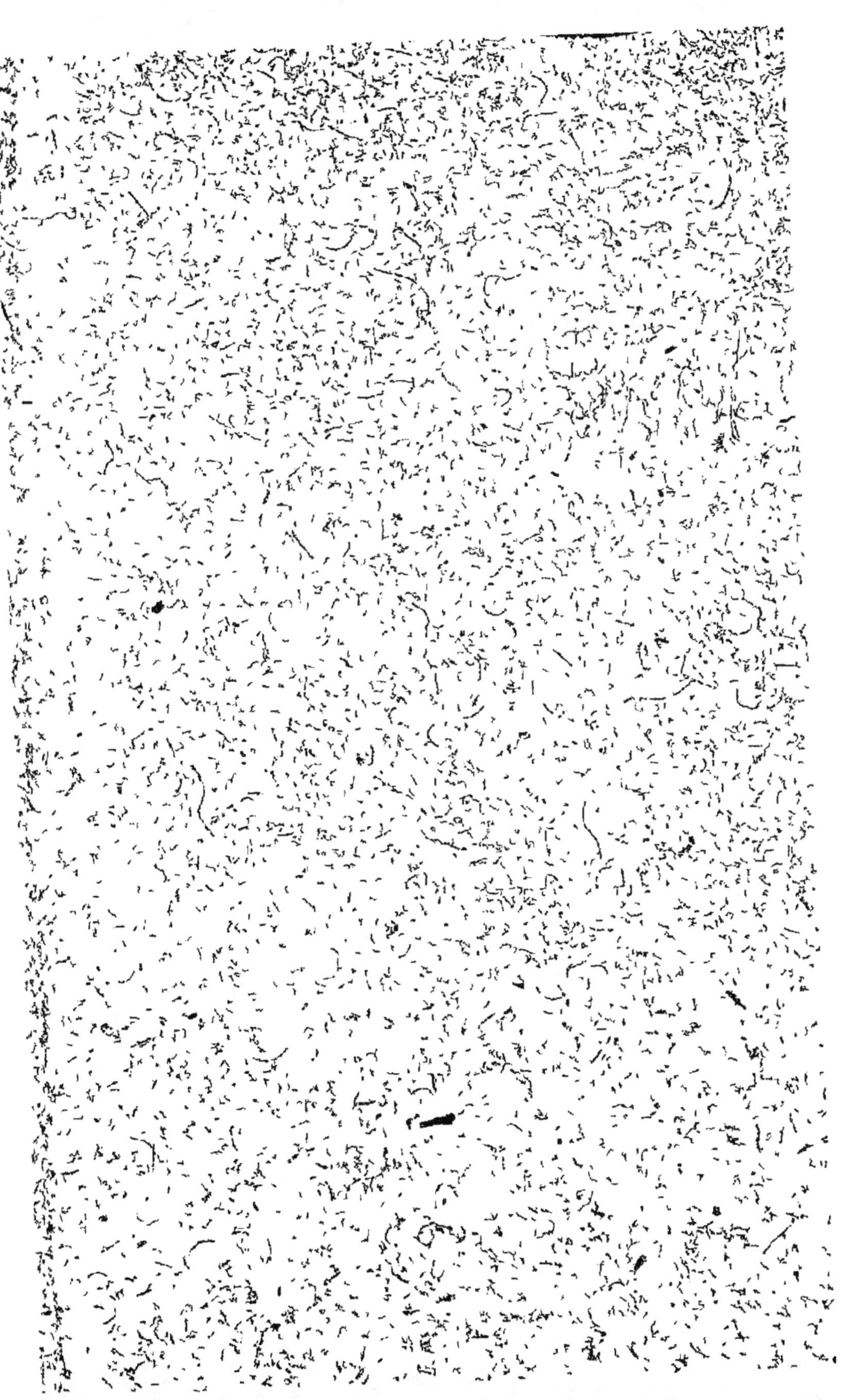